KB212327

靈寶局

定靜之法

영보국정정지법

국립중앙도서관 출판예정도서목록(CIP)

영보국정정지법 = The spiritual treasure corpus : the way of the cosmic illumined consciousness / 상생출판 [편]. -- 대전 : 상생출판, 2016 p. ; cm

한자표제: 靈寶局定靜之法
권말부록: 『영보국정정지법靈寶局定靜之法』 원문
한영대역본임
ISBN 979-11-86122-25-9 03290 : ₩12000
증산도[甑山道]

291.12-KDC6
299.57-DDC23 CIP2016010716

영보국정정지법靈寶局定靜之法 (중형판)
The Spiritual Treasure Corpus: The Way to the Ultimate Serenity

발행일 : 2016년 5월 2일 초판 1쇄 / 2020년 9월 11일 2쇄
저　자 : 안경전
발행처 : 상생출판
주소 : 대전시 중구 선화서로 29번길 36(선화동)
전화 : 070-8644-3156
FAX : 0303-0799-1735
출판등록 2005년 3월 11일(제175호)

ISBN 979-11-86122-25-9 (03290)

The Way of 太乙(Taeeul) : The Ultimate One

The Spiritual Treasure Corpus : The Way to the Ultimate Serenity

천지조화 태을주 수행법

Sangsaeng Books

정신문화 혁명으로 영성靈性을 회복하여 태일太一 인간이 되는 길

The way to realize a Taeil human through the restoration of spirituality and spiritual-cultural revolution

『영보국정정지법靈寶局定靜之法』은 19세기경에 전라도 부안扶安에서 살았던 것으로 추정되는 이옥포李玉圃(?~?) 선생이 지은 수행 지침서이다. 선생은 이 책에서 수행修行 시 지녀야 할 마음가짐과 수행 방법, 그리고 수행 과정에서 일어나는 현상과, 수행을 통해 이르게 되는 경지를 잘 제시하고 있다. 특히 핵심 내용을 일목요연하게 서술하고 구체적인 비유를 들어 설명함으로써 초학자가 쉽게 정정定靜의 경지에 들 수 있도록 길을 열어 놓았다.

필자는 오랫동안 빛을 보지 못하던 이 책을 금일에 이르러 그 정확한 뜻을 우리말로 옮기고, 수행과 관련된 어려운 용어에 주석을 달

"The Spiritual Treasure Corpus: The Way to the Ultimate Serenity" is a guide book on spiritual practice that was written by Yi Ok-po, who is supposed to have lived in the 19th century, in Buan County, Jeolla Province. In this book, he elucidates on the spiritual practice; the mindset that should be adopted with respect to the practice, the method of the practice, the phenomena that happen during the practice, and the stages that are attained through the practice. Especially, he writes the essential principles in a clear and orderly manner, and explains them with allegories, thereby, has opened the way that beginners can reach the stage of total concentration and ultimate serenity, or Jeongjeong with ease.

As recently as today, I have this book translated into Korean, which has not come into light for a long time so far, and clarified practice-related complex terms through adding a commen-

아 많은 사람들이 수행 지침서로 삼기에 부족함이 없도록 하였다.

이 수행서가 19세기에 등장한 것은 우연이 아니다. 인류사에서 19세기 후반은 개벽 사상開闢思想과 상제上帝 신앙이 부활하던 때였다. 그 중심에 동학東學이 있었다. 당시 조선은 서양 열강의 각축장이 되어 가는데도, 무능하고 부패한 조정은 약육강식하는 제국주의 침탈 앞에서 문명개화와 부국강병의 길을 열지 못하였다. 민중은 폭정과 가난에 허덕이며 피폐한 삶을 이어가고 있었다. 그즈음 몰락한 선비 집안에 태어난 수운水雲 최제우崔濟愚(1824~1864) 선생은 방향을 잃은 세상과 어찌할 바 모르는 사람들을 구하기 위해 일념으로 하늘에 기도하였다. 1860년 4월, 드디어 수운은 대우주를 다스리시는 하늘의 주인 상제님으로부터 직접 천명天命과 신교神敎를 받

tary so that many people can adopt it as a practice guide without any difficulty.

It was by no means a twist of fate that this book emerged in the 19th century. For it was in the latter-half of the century that the work of restoring the Thought of Gaebyeok and the faith in Sangje (Highest God) started reappearing from the depths of human history. And at the very center of the restoration work was Eastern Learning. But the Kingdom of Joseon, and its incompetent and corrupted dynasty, paved no road for a better tomorrow, even in the face of the imperialistic designs of the Great Powers. Mired under tyranny, the people led subsistent lives in abject poverty. At this time, Choe Je-u(1824~1864; honorific name: Su-un) who was from a scholarly but later disfavored family, turned to prayer for a world and a people lost without direction. It was April 1860 when he came and took the helm of Eastern Learning upon finally receiving from Sangjenim, the ruler and direction giver of the heavens, the Mandate of Heaven and the Spirit Teaching.

고, 동학東學을 창도했다.

태고시대 이래로 인류가 모셔 오던 상제님께서 우리 동방 땅에 오시고, '다시 개벽'으로 신천지 무극대도無極大道 시대, 시천주侍天主 시대가 열린다는 새로운 가르침은 암울한 백성들의 가슴에 희망의 불씨를 지폈다. 그리하여 동학사상과 운동은, 엄청난 변혁으로 오만 년 운수가 새로이 열리기를 열망하며 요원의 불길처럼 전개되어 동학혁명으로 발전했던 것이다.

이러한 변혁과 열망을 담은 개벽사상은, 동시대에 일부一夫 김항金恒(1826~1898) 선생이 제3의 역이라 일컫는 정역正易을 완성함으로써 체계화되었다. 역易은 우주 변화의 이치를 담고 있어서 천지만물과 인간이 나아갈 길을 제시한다. 이 정역은 상제님의 강세 소식과 앞으로 열릴 가을개벽 이치를

The message that gave the people hope was the teaching that the very Sangjenim whom man has been serving since the dawn of history is coming to this land in the East, and that the era of the Reopening of Heaven and Earth, and of the Truth of the Supreme Dao of Mugeuk, were on the cusp. It was only through such telling change that the undergirding principles of Eastern Learning and its movement was able to rise from its slumber of 50,000 years, afresh and teeming with vigor to eventually beget the Eastern Learning Revolution.

Such vital change and ardent human desire is what lies at the heart of Gaebyeok thought, and its beliefs matured and crystallized with Gim Hang(1826~1898; honorific name: Il-bu) when the manuscript for what will bring about the Third Change was finalized with *Right Change*. Change epitomizes the meaning of cosmic cycles or cosmic orders, and it dictates the way man is to proceed along with heaven and earth. The mes-

전하고 있는 것이다.

sage contained in *Right Change* is the coming of Sangjenim in human form and the principles that will govern the Cosmic Autumn Gaebyeok period upon its advent.

이처럼 가을 우주가 도래한다는 개벽 소식은 인류문명사에 장엄한 새 장을 열고 있었다. 이러한 새 문명사의 여명에, 인류가 마땅히 걸어야 할 길을 제시하는 『영보국정정지법』이 나온 것은 그 역사적 의미가 매우 크다고 하지 않을 수 없다.

The Gaebyeok message of a coming change in cosmic season was nothing less than the turning over of a new leaf for the history of civilizational man. In that new dawning for civilizational man, when a suitable road was being so fervently sought, the scale of historical significance that carried with the appearance of "The Spiritual Treasure Corpus: The Way of the Ultimate Serenity" could not have been claimed to be anything but great.

본서는 도학道學의 전통 수행론을 바탕으로 팔만대장경八萬大藏經과 도장경道藏經을 비롯한 유불선儒佛仙 수행론의 정수를 융합하였다. 더욱이 9천 년 인류사에 면면히 이어 내려온 태일심법太一心法과 삼신사상三神思想을 담고 있어, 참 인간인 태일 인간이 되는 문로門路를

As a Daoist text that syncretized the teachings of Confucianism Buddhism and Immortalism, this book contains the quintessential teachings from the Goryeo Tripitaka and the Daozang. And as a book of spiritual practice that is based on the Truth of the Triune-Spirit and the Methods of Taeil Fundamental Mindset, whose meditative techniques stretch back over the 9,000 years of

활짝 열어 놓고 있다. 그러므로 본서는 실로 동아시아 수행 문화의 결정판이라 할 수 있는 것이다.

human history, it opens up the possibility for a meditation practitioner to reach the state of Taeil Human. In this regard, this book can be said to be the definitive text on the true meditation culture of East Asia.

작금에 지구촌 문명은 물질만능주의와 과학지상주의가 넘쳐서 만물의 영장인 인간이 오히려 기계화되고 도구화되어 버렸다. 인간의 가치에 대한 재인식과 방향 전환이 필요한 이 시대에, 대우주의 화현化現인 우리 인간은 마땅히 본래 가지고 있는 무한한 영성靈性을 회복하여 천지의 주체로서 자리잡을 수 있는 정신문화 혁명의 길로 나아가야 할 것이다. 본서 『영보국정정지법』은 이러한 혁명을 실현할 보배로운 열쇠가 될 것이다.

Man is the lord of all things, but the civilizations of the world have become more automated and dehumanizing than ever before as a result of unbridled materialism and the blind worship of science. In this hour, when man, as the provisional manifestation of the macrocosm, must reassess his own value and change the road he is on, there is nothing more pressing than a revolution of the mind that will reestablish man's divine nature as one and the same as heaven and earth. I am confident that this text, "The Spiritual Treasure Corpus: The Way to the Ultimate Serenity", provides the very key to unlocking the door to that revolution.

그러므로 본서와 태을주太乙呪 주문이 만나 새로운 수행 문화를 창출한다면, 장차 지구촌 인류가 모

Were the instructions contained within this text be brought together with the teachings contained within the Taeeulju Mantra, a new culture

두 후천 태일太一 인간으로 거듭 태어날 수 있을 것이라 확신한다. 머지않아 열릴 후천 선경 세상에서 인류가 대인대의大仁大義한 심법으로 상생相生의 덕을 갖춘 태일로 살아가기를 축원한다.

of spiritual discipline will arise that gives birth to a new man of Taeil humans. I pray that mankind will live in virtue and as morally unassailable Taeil human beings in the next world of the Later Heaven that is now almost here.

온 인류가 태일 인간으로
거듭나기를 소망하면서
도기道紀 146(2016)년 양력 5월
태전太田 중리동 교육문화회관에서

안경전安耕田

Hoping that all humanity is born again as
Taeil humans
DG 146, 2016, May
Jeung San Do Education and Culture Center
Jungni-dong, Taejeon

Ahn Gyeong-jeon

목차 | Contents

제 1 부

『영보국정정지법靈寶局定靜之法』 해제

Part 1

The Spiritual Treasure Corpus : The Way to the Ultimate Serenity

Introduction

우리 인생에서 가장 소중한 것은 무엇인가? 그것은 우리의 생명과 건강과 재산일 것이다. 그러나 우리가 가야 할 진정한 생명의 길, 행복의 길은 건강과 재산을 넘어서 깨달음을 향해서 나아가는 것이다. 최종적으로는 도통을 성취하는 것이다. 일반적으로 깨달음에 이르기 위해서는 마음을 닦아야 한다고 말한다. 불가에서 말하는 부처의 마음이든, 서양에서 말하는 신의 마음이든 '마음'을 수행의 근본 주제로 삼는다.

그러나 동서양 영성주의자들이 비판하듯이 마음만 닦아서 되는 것이 아니라, 마음의 원형인 본성本性nature과 명命life을 함께 닦아야 한다. 성명性命은 일체이기에 성명쌍수性命雙修로 함께 닦아야 한다는 것이다. 역사적으로 볼 때 9천 년의 환국, 배달, 조선 이래 고려와 조선에 이르기까지 수행문화가 연면히 이어져 왔다. 우리 민족의 문화 원형인 삼신문화에서는 성명뿐 아니라 성명정性命精을 함께 말한다. 여기서 성性을 신神으로 말하는데 곧

What is the most important of all in our lives? It would be our lives, healths, and possessions. But, the way of true life, the way of happiness that we intend to go are, beyond the issues of health and possessions, to go towards enlightenment. Ultimately, it is to attain the ultimate enlightenment. Generally it is said that the cultivation of mind is required to attain enlightenment. Whether it is the Buddha's mind in Buddhism, or the mind of God in the Western theology, the mind is regarded as the fundamental topic for spiritual discipline.

But, as eastern and western spiritualists critically emphasize, it is important to cultivate inner nature, which is the archetype of mind, and life-force together. Inner nature and life-force are one, so both should be cultivated simultaneously by way of "The Cultivation of both Inner Nature (Seong) and Life Force (Myeong)". From the perspective of history, since 9,000 years ago, the culture of spiritual discipline has continued without interruption throughout Hwanguk, Baedal, Joseon (ancient), Goryeo, Joseon, the sovereignty lineage of Korean nation. In the culture of Triune-Spirit, which is the Korean nation's cultural arche-

원신元神primordial spirit이다. 우리 전통 수행문화에서는 성명정 곧 신기정神氣精을 함께 닦아야 완전한 깨달음에 이를 수 있다고 보는 것이다.

본서 『영보국정정지법』은 유불선 수행문화의 정수를 뽑고, 환국, 배달, 조선 이후 한민족의 유구한 역사와 인류문화사를 통해서 형성, 전승되어 온 영성문화, 깨달음 문화의 정수를 담은 도통문화의 완성작이라 할 수 있다.

인간과 만물 생명의 궁극적 근원, 생명의 모체는 하늘땅인데 인간이 과연 하늘땅과 하나가 될 수 있을까? 이 천지부모와 한 생명, 한마음으로 살 수 있다면 그 사람은 영원한 생명을 얻을 것이다. 그렇게 궁극의 영적 진화를 한 사람, 진정한 깨달음을 성취한 사람을 일러 태일太一이라 한다.

동서고금의 신비주의, 수행문화의 최종 목적인 궁극의 깨달음 즉

type, Jeong is added to the dyad of Seong and Myeong to make the triad of Seong, Myeong and Jeong. Here, Seong signifies the spirit, namely, the primordial spirit. In traditional Korean culture of spiritual discipline, Seong, Myeong and Jeong, that are, Spirit, Qi and Essence, respectively, should be cultivated harmoniously in the triad to realize perfect enlightenment.

Adopting the quintessence of spiritual-discipline culture from the tradition of Confucianism, Buddhism and Immortalism, this book "The Spiritual Treasure Corpus: The Way to the Ultimate Serenity" can be regarded as the masterpiece of the enlightening culture of the Korean nation, in which the essence of enlightenment and spirituality exists in harmony.

The ultimate origin of life, the matrix of life for humans and the universe are heaven and earth. Then, is it possible for humans to become one with heaven and earth? Whoever lives in one mind and one life with heaven and earth will attain everlasting life. The one who has spiritually evolved to ultimate maturity, the one who has achieved true enlightenment is called Taeil.

The topic that the mysticisms of east and west, past and today focus on, the final goal of spiritual

도통의 주제가 바로 태일이다. 이 태일을 이루게 해 주는, 대우주 신도세계에서 가장 존귀하신 분을 동방의 유불선에서는 태고로부터 태일신太一神 또는 태을太乙로 말하고 있다. 본서에서는 '먼저 나의 태일지천太一之天을 온전하게 한(先全我太一之天)' 뒤에 광명의 도가 열린다고 한다. 이 태일지천은 동서 문화의 모든 깨달음과 수행문화, 종교문화의 근원인 천지부모와 크게 하나가 되는 마음을 말한다. 이 태일지천 경계를 주재하시는 분이 바로 본서에 나오는 태을구고천존太乙救苦天尊이시다. 대만에 가 보면 태을구고천존을 모시는 궁전이 있다.

태을구고천존이 계시는 태을천太乙天은 우주와 도道의 궁극의 근원자리이다. 태을구고천존은 매우 신성하고 신비스러운 신이다. 태고로부터 동방에서는 구도자가 도를 성취할 때, 즉 인간이 도통을 받을 때는 태을천에 불려 올라간다고 한다. 『주역참동계周易參同契』를 보면 '태일내소太一乃召'라는 말이 있다. 덕이 무르익어서, 우주를 마음에

practice or ultimate enlightenment are Taeil(The Ultimate One). The most venerable one in spirit world is called Taeil God or Taeeul in the Eastern tradition of Confucianism, Buddhism, Immortalism from time immemorial. This book says, "first after my firmament of the ultimate one is completed", the Dao of resplendence opens. This firmament of Taeil signifies the mind itself, in which aspirants realize the supreme unity with heaven and earth. And this heaven and earth, as parents of all, are the origin of all the enlightenment, the culture of spiritual practice, as well as religious culture in the East and West. That which presides the realm of the firmament of Taeil is Taeeulgugocheonjon, whom this book mentions. In Taiwan, there is a palace where Taeeulgugocheonjon is enshrined and worshiped.

The heaven of Taeeulcheon where Taeeulgugocheonjon resides is the ultimate primordial place for the Dao and universe. Taeeulgugocheonjon is the very sacred and mysterious God. In the East, from time immemorial, when an aspirant realizes the Dao, that is, when an aspirant attain Enlightenment, it is said that he goes to Taeeulcheon(the heaven of Taeeul). In the scripture "*Zhouyi Cantong Qi*" (*Token for Joining the Three in Accordance with the Book of Changes*), the word Taeilnaeso is

품을 수 있을 정도로 도격道格이 되면 태일(태을을 태일이라고도 한다)이 내소, 태일이 불러서 도를 내려 주신다. 그리하여 비로소 도를 완성한다는 것이다. 이 우주의 원시천존元始天尊, 태을구고천존이 바로 태을천에 계시는 상원군上元君님이시다. 그래서 앞으로 태을주太乙呪라는 신성하고 신비로운 주문을 읽음으로써 궁극의 깨달음을 얻고 영성을 개벽하는 길이 열린다.

본서는 이러한 신비로운 수행 세계와 도의 비밀을 드러내고 있다. 우리 인간은 누구나 온갖 애환과 사연을 안고 세월 따라 살다가 노쇠하여 사라진다. 비록 세속적으로 성공을 한다 하더라도 그것은 꿈결같이 덧없는 것이고 결코 영원한 가치로 남지 않는다. 그러므로 진정한 구도자는 천지와 하나 되는 참된 길을 추구하여, 영성을 밝히고 깨달음을 얻어 진아眞我를 체득하고, 허무와 무상을 넘어서 저 우주의 조화세계, 광명세계, 신성세계, 영원불멸의 세계로 나아가야 하는 것이다.

found, signifying that as the virtue matures and aspirants expand mind to embrace the whole universe. As his status of Dao is elevated, Taeil(same as Taeeul) call them and bestow the Dao upon them. Thereupon, the Dao comes to a completion. Primordial Supreme Lord of this universe, Taeeulgugocheonjon is none other than Sangwongun who resides in the heaven of Taeeulchen. So, in the future, the way will open that aspirants, through Taeeulju Mantra chanting, attain ultimate enlightenment and revive spirituality.

This book reveals these mysterious worlds of spiritual practice and the secret of the Dao. We humans, without exception, experience all kinds of life stories, joy and sorrow, and finally get older and disappear. Even though we achieve a success from the mundane point of view, it is ephemeral like a dream, and would never remain as a permanent value. Therefore, true seekers pursue true path, in which humans are united with heaven and earth. They reveal spirituality, achieve enlightenment, and realize their true Self. Thus, beyond nothingness and impermanence, aspirants should go towards the world of everlasting life, divine world, enlightened world, the world of creation-transformation of the universe.

1. 영보국靈寶局의 의미

1. The significance of the Spiritual Treasure Corpus

영보靈寶란 신령스러운 보배라는 뜻으로, 우리 육신과 마음의 영을 가리킨다. 일찍이 중국 송말 원초宋末元初의 도인 정사초鄭思肖(호 소남所南, 1241~1318)는, 영靈은 성性이고, 보寶는 명命이라 하였다. 신령하기만 하고 보배롭지 않으면 무궁한 수명을 살기에 부족하고, 보배롭기만 하고 신령하지 않으면 본래의 성을 깨닫는 데 부족하기 때문에, 소남은 영보 곧 성명을 함께 닦아야 한다고 보았다. 영보가 분리되면 성과 명이고, 성명이 합하면 영보인데, 영보가 아니면 사람을 제도濟度할 수 없고, 영보가 아니면 신神을 생성할 수 없다는 것이다. 그래서 이 영보법靈寶法이 모든 법의 비조鼻祖가 된다고 한다.[1]

1 夫靈者性也, 寶者命也, 靈而不寶, 則不足以壽無窮之命, 寶而不靈, 則不足悟本來之性, 離而曰性命, 合而曰靈寶, 一切衆生不離性命, 以此非靈寶不可以度人, 非靈寶不可以生神, 故靈寶法爲諸法之祖.(정사초鄭思肖, 『태극제련내법太極祭鍊內法』. 이 책은 『정통도장正統道藏』「통현

The Spiritual Treasure, signifying 'spiritual (Ling)' and 'treasure (Bao)', indicates the spirit of our mind and body. Earlier, Daoist master Zheng Sixiao (1241~1318; honorific name: Suonan) during the transitional period of Song-Yuan dynasty in China said, "The Spirit is akin to Inner Nature (Xing) and the Sacred Treasure is Life force (Ming), being spiritual without being refined is not enough to reach immortality, and being refined without being spiritual is not enough to reach enlightenment." In this way, Suonan believed that Spiritual Treasure, namely, Xing and Ming should be cultivated simultaneously. When they are mentioned separately, they are Inner Nature (Xing) and Life Force (Ming). When they are mentioned as one, it is called the Spiritual Treasure. Neither can man be guided towards salvation from the cycle of life and death nor can a spirit be born without the Spiritual Treasure having been cultivated. And so, the Spiritual Treasure Method is, and always will be, the progenitor of all the methods of spiritual practice.[1]

1 『Taiji Jilian Neifa(The Inner Skills of the Supreme

영보국이라 할 때 국局은 형상을 가진 그릇이라는 뜻이다. 그래서 영보국靈寶局은 영보를 담고 있는 사람을 일컫는 별칭이다. 사람은, 흔히 소우주小宇宙요 소천지小天地라 일컫듯이 신령스러운 존재이다. 인체에서 심心은 임금, 곧 천군天君에 해당하고, 몸속의 핏줄이 하는 일은 임금의 명령과 조칙을 수행하는 것과 같다. 팔과 다리는 방백方伯·수령守令이 되고, 골절은 백관百官이 된다. 오장육부는 육경六卿에 비유되고, 피부 세포는 백성에 비유된다. 인간은 실로 건곤천지의 조화를 함축한다. 이처럼 우주의 모든 신령스런 보배가 사람에게 들어 있는 것이다.

그러나 이 영보는 단지 인간과 만물에 내재된 영성과 생명에 한정되지 않는다. 더 넓게 보편적으로 보면, 대우주를 살아있게 하는 조물주로서의 우주성령을 뜻한다. 서양 신학에서도 최근에 우주성령宇宙聖靈cosmic spirit이라는 말을 쓰기 시작했다.

부洞玄部」 방법류方法類에 들어 있다.)

On the Spiritual Treasure Corpus, the Corpus means the vessel with a shape. So, the Spiritual Treasure Corpus is an another name which indicates humans that contain the Spiritual Treasure. Humans are spiritual, since man is a microcosm, a heavenly and earthly micro-arche. Man's intuitive guide is his king, and is paired with its opposite, the King Heaven. The running veins in a man's body is akin to fulfilling the mandates of King Heaven while his arms and legs do the King's bidding in overseeing and governing His earthly domain. The bones in a man's body are His keepers, a man's five viscera and the six entrails are His ministers, while his skin and the cells of his body are His subjects. Man has all the creation-transformation of the universe within him already.

But, this Spiritual Treasure does not just mean spirituality and life lodged in humans and the universe, but also, from the broader and more universal perspective, it means the cosmic spirit which, as the creator God, keeps the universe alive. Recently, western theology also began to use the word cosmic spirit.

Ultimate Offering and Refinement)』 by Zheng Si Xiao, included in Dongxuanbu(Fangfalei), Daozang

인류 원형문화인 신교神敎에서는 대우주 존재의 중심을 삼신三神으로 정의한다. 그것은 우주의 조화 성령이고 일신一神이지만, 우리의 인식 세계와 우주의 현상세계에서는 삼신으로 작용한다. 일신과 삼신은 체용體用 관계인 것이다. 그래서 이 우주성령은 조화신, 교화신, 치화신이라는 세 가지 신성을 가진다. 조화신이 몸으로 들어와서 인간의 본래 마음 즉 성性이 되고, 교화신이 몸에 들어와서 명命이 되고, 치화신은 정精이 된 것이다. 이것이 바로 성명정性命精이다. 우리 몸 속에 들어 있는 영보를 우주성령의 보배로운 성명정으로 폭넓게 보지 못하고, 성명으로만 해석하는 것은 이러한 신교문화를 망각해 버렸기 때문이다.

Singyo (Spirit Teaching), which is the archetypal culture of humanity defines the center of universe-existence as Triune-Spirit. That is the holy spirit of the universe's creation-transformation as one spirit, but it functions as three spirits in the realm of phenomena and individual cognizance. One Spirit and Triune-Spirit are in the relationship of substance and function, or Primordial Spirit and Governing Spirit. So, this cosmic spirit has divine natures, namely, the Spirit of creation-transformation, the Spirit of edification, and the Spirit of governance. The Spirit of creation-transformation enters the body, and becomes the inner nature(Seong), the Spirit of edification enters the body, and becomes life-force(Myeong), and the Spirit of governance becomes Essence. This is Seong, Myeong, Jeong. It is because people have forgotten the Singyo culture that they do not see the Spiritual Treasure in our body, thereby, interpret the Spiritual Treasure in terms of Seong and Myeong, failing to integrate Jeong(Essence) into it.

동방 우주신학인 신교 삼신문화에서 보면, 삼신의 자기현현自己顯現 self-manifestation이 바로 하늘, 땅, 인간이다. 하늘, 땅, 인간은 살아있는 삼신이고 그것은 일체 관계에

From the viewpoint of Triune-Spirit (Singyo) culture, the self-manifestation of Triune-Spirit is indeed heaven, earth, and humanity. Heaven, earth, and humanity are living Triune-Spirit, and they are in relationship of unity. Therefore, heaven

있다. 그러므로 하늘은 낳는 신성, 땅은 기르고 깨닫게 하는 신성, 사람은 다스리는 신성을 가지게 되는 것이다. 이것을 9천 년 전 환국桓國에서는 천일天一, 지일地一, 태일太一로 정의하였다. 이것이 후대에 태일사상으로 발전하였다. 사마천이 쓴 『사기史記』에는 한나라 때 동남방에 태일전太一殿을 지어서 우주 지존의 신에게 제사를 올리고 섬겼다는 기록이 있다.

동양문화에서는 창세 역사 이래 이 태일이 되는 것을 삶의 궁극 목적으로 삼았다. 천지부모와 한마음으로 사는 심법心法을 여는 사람, 천지와 하나가 되어 생명이 영원히 무너지지 않는 사람, 그런 전인佺人이 되는 것을 삶의 유일한 업業으로[2] 삼았던 것이다.

이런 우주 광명의 영보를 밝히는 것이 역사적으로 유불선 도맥道脈으로 펼쳐졌다. 천도天道를 근본으로 해서 전도佺道가 나오고, 지도地道를 근본으로 해서 선도仙道가 나

2 『한단고기桓檀古記』「태백일사太白逸史」에, 한결같이 참전으로써 모든 사람이 계를 받았다(一以叅佺 全人受戒)는 내용이 있다.

has the Godhead of begetting, earth has the Godhead of fostering and awakening, and humankind has the Godhead of governing. These are defined as Cheonil, Jiil, Taeil in Hwanguk, 9,000 years ago. Later, this thought matured and crystalized as Taeil thought, as found in the *Shiji* (*Records of the Grand Historian*) by Sima Qian, in the Han dynasty of ancient China, people constructed a Taeil shrine in the south-east to make offering rituals and serve the universe' Supreme Sovereign.

In the Eastern culture, since the genesis history, the realization of Taeil is the ultimate objective of life. The only purpose of life was to become one who achieves the fundamental mindset of supreme unity, and eternal indestructible human who has become one with heaven and earth.[2]

Historically, through the transmission lineage of Confucianism, Buddhism, and Immortalism, aspirants tried to reveal the Spiritual Treasure, the resplendence of the universe. The Dao of Jeon originated from Dao of Heaven, Dao of Seon

2 "Hwandangogi(Taebaekilsa)" contains this passage. "Invariably all the people received precept by way of Chamjeon."

오고, 천지의 아들과 딸인 인간의 위격, 그 인도人道를 바탕으로 종도倧道가 나왔다. 이 삼도가 바로 후세 불선유佛仙儒 삼교의 원형이다. 불교는 전도를 계승하고, 도교는 선도를 계승하고, 유교는 종도를 계승한 것이다.

따라서 진정 인간이 가야 할 길은 이 영보, 성명정을 새로이 개벽하여 우주와 하나가 되는 태일 인간으로 거듭나는 것이다.

originated from Dao of Earth, Dao of Jong originated from Dao of human. These three Dao are the prototypes of Samgyo (Three Religions) of Buddhism, Immortalism, and Confucianism. Buddhism inherited the Dao of Jeon, Immortalism inherited the Dao of Seon, and Confucianism inherited the Dao of Jong.

Therefore, the way that humans should truly follow is to reopen anew this Spiritual Treasure, Seong, Myeong, Jeong, thereby, to be born again as humans who become one with universe.

2. 정정定靜과 수행의 요체

인간은 어떻게 하여 우주와 조화가 되고, 대자연 천지와 하나가 될 수 있는가? 그 길의 첫걸음은 오직 정정定靜에 달려 있다. 정정이란, 큰 서원을 품고 지극한 정성과 믿음을 가지고, 우리 마음을 안정하여 고요하게 하는 것이다. 마음이 고요해지면 온갖 생각과 감정 덩어리가 사라지게 된다. 기쁨과 즐거움, 걱정과 분노가 없어지고 우수憂愁와 원망怨望도 한순간에 완전히 소멸된다. 대신에 진정한 고요와 평화로움이 깃드는 것이다. 이런 고요하고 평화로운 상태가 지속되면 마음이 공적空寂한 본체로 빠져 들어간다.

이 공적한 본체라는 것은 곧 태극太極이 동動하기 이전의 상태이므로 언설言說이 끊어지고 망상과 번뇌가 끊어진 자리이다. 온갖 상대세계가 끊어진 중도中道 자리, 생명의 근원처로서 곧 천지자연과 하나가 되는 자리이다.

2. The gist of Jeongjeong and spiritual discipline

How is it possible for humans to live in harmony with the universe, and to become one with heaven and earth, the great matrix of all? The key to this is Jeongjeong, or total concentration and ultimate serenity. Jeongjeong is to embrace grand vows, utmost sincerity and utmost faith, calming mind down into quietude. If mind quiet down, joy and pleasure, anxiety and resentment disappear, gloom and loneliness vanish all at once. In this way, if my mind and thought and the objective of life are concentrated totally towards the state of one mind, then the serenity and peacefulness that come from the universe's primordial life-consciousness are attained. If this state of Jeongjeong is sustained, mind enters firmly the substance of complete stillness.

The substance of complete stillness is before the Ultimate Polarity starts, it is the place where words and language cease and it is the place where delusion and illusion cease. It is the place of the middle path, where the realm of relativity ceases, and it is the origin of life, namely the place where aspirants become one with heaven and earth.

수행을 할 때 이러한 정정에 이르는 원리는 한마디로 수화水火의 교류에 있다. 수화는 몸의 기틀을 이루는 두 가지 근본 요소인데, 인체 기관으로는 신腎과 심心에 해당한다.

심心은 열熱을 싫어하고 안정을 좋아한다. 인체 모든 기관의 군왕君王인 심心이 안정되어야 오장육부五臟六腑 각 기관이 자기 책무를 수행하여 몸을 조화시킬 수 있다. 심心을 안정시키는 데에는 호흡도 중요하다. 심호흡, 단전호흡으로도 심파心波를 쉽게 가라앉힐 수 있다. 우리 몸에서 기氣를 주관하는 기관은 폐肺이다. 호흡을 통하여 인체에서는 심장心臟과 폐肺 사이에 소순환小循環이 일어난다. 폐肺[金]는 신腎[水]의 모체로서, 폐액肺液[金液]을 하강시켜 신수腎水를 만든다. 그리하여 수(水: 腎) → 목(木: 肝) → 화(火: 心) → 토(土: 脾) → 금(金: 肺) → 수(水: 腎)로 순환이 일어나게 된다. 나중에는 심(心: 火, 離)과 신(腎: 水, 坎)이 서로 만나 전체로서 하나의 태극太極을 형성한다. 그리고 입에서 단침이 고이는데, 이 침은 신장腎臟

In the spiritual practice, the principle of reaching Jeongjeong is, in short, the reversal circulation of water and fire. Water and fire are two fundamental elements to constitute the frame of the body, they are the kidneys and the heart, anatomically.

The heart dislikes heat, and likes stability. As the sovereign king of man's internal organs, it is only when the heart is composed that the five viscera and the six internal organs can each follow through on their functions in maintaining harmony and balance in the body. When breathing, a lesser circulation occurs in the body between the heart and the lungs while deep breathing stabilizes the heartbeats with facility. The lungs (which correspond to metal) are the parents of the liver (which corresponds to water), and as such, the lungs send a fluid to produce Kidney-Water in what is called "the Golden Fluid returning to Elixir." The rotation of the Five Agents Movements proceeds, then, from Water (corresponding to the kidneys) to Wood (corresponding to the liver) to Fire (corresponding to the heart) to Earth (corresponding to the spleen) to Metal (corresponding to the lungs) and back again to Water 水 (corresponding to the kidneys 腎). When deep breathing skills are developed, a distinct Great

의 진액津液이 상승하여 생긴 것이다. 그러므로 뱉지 말고 삼켜야 한다. 가래가 섞인 침이라도 삼 년을 먹으면 얼굴이 동자처럼 된다(食痰三年 面若童子)는 옛말도 있다. 이런 과정이 오래 지속되면 하단전下丹田에 정精이 충만하고, 이 정이 쌓이면 마침내 뇌腦와 골수骨髓와 척수脊髓까지 보補하게 된다. 그리하여 두뇌(頭: 神明之府) 즉 신神도 윤택하게 되는 것이다.

Absolute forms from the Five Phase-correlated meeting of the heart (which corresponds to the Element Fire and the Trigram li) with the kidneys (which correspond to the Element Water and the Trigram kan). Breathing then grows deeper while energy depletion falls, enabling one to amass strength. Sustained practice charges one's essence in the Lower Elixir Field, and when it continues to accumulate the essence spills over to strengthen the brain, the marrow, and the spine. So too the Spirit in the brain, the "domain of the Spirit" grows rich with abundance, thereby enhancing health and long life in what is called "The returning of the essence to replenish the brain."

수행 과정에서 수승화강水昇火降(화가 아래에 있고 수가 머리 위에 있는 수화기제水火既濟의 상태)이 될 때 주의할 점은, 정精이 채워지지 않았는데, 의식을 가하여 억지로 정을 끌어올려 기氣를 돌리려고 하면 안 된다는 것이다. 오직 마음이 안정된 상태가 지속되면 수화가 본래 모습대로 혼연일체渾然一體가 되고, 이에 따라 저절로 기氣가 순환하게 된다.

이처럼 수도를 계속하면, 위 아래로 분열되는 심신心腎을 다시금 하나로 조화시켜 뇌腦인 신神을 보補

Under such sustained conditions, fire goes down and water goes up towards the head bringing about a state of the complete mergence between the water and the fire. It is prudent at this point to avoid forcibly turning the qi-energy by consciously calling on the essence before it has been replenished. For it is only when stillness persists in one's guiding light that water and fire become in their unmolested original form. The qi-energy will then turn all by itself.

But if the spirit that dwells within the brain is strengthened through meditation and the severed heart kidney pair rejoin, the vitality of each of the

하여, 뇌를 비롯한 각 기관에 활력이 대폭 증강되고 나아가 여러 가지 신이神異한 현상도 체험할 수 있게 된다. 『영보국정정지법』에서는 일심이 움직이지 않고 자연히 수승화강이 이루어져서 드디어 광명이 천계天界와 지부地府까지 뻗치고 귀신 경계도 환히 볼 수 있다고 하였다.

인류문명사에서 이러한 구도와 수련을 통하여 우주의 별 같은 수많은 신인神人, 진인眞人, 성인聖人이 탄생하였다. 인간은 누구나 수행의 길로 용맹하게 나아가 성스러운 존재가 될 수 있다. 그러한 수행의 방법과 원리를 이 책은 쉽게 정리해 준다.

five organs correlated with the Five Phases, including the heart, will become animated and one will come to experience many Spiritual Wonders. "The Spiritual Treasure Corpus: The Way to the Ultimate Serenity" explains aspirant attains one mind with the actualization of water-ascending-fire-descending, and finally see through the realms of spirits in due course.

Countless God-men, True Masters, Holy men might have been born through these truth-seeking and spiritual discipline in the history of civilization and humanity. Humans, without exception, can go courageously into the path of discipline, and become holy being. This book explains, in a easy way, the method and principle of spiritual practice.

3. 『영보국정정편』의 저자, 이옥포

3. Yi Ok-po, the author of "The Spiritual Treasure Corpus: The Way to the Ultimate Serenity"

『영보국정정편靈寶局定靜篇』[3)]은 구한말 전라도 부안 지역에서 1900년대 초까지 살았던 것으로 추정되는 이옥포李玉圃(?~?) 선생이 기술記述한 것이다. 선생은 음양 학술에도 정통했는데 석봉도인石峰道人, 옥포진인玉圃眞人이라고도 한다. 이 책을 저술한 시기나 동기에 대하여는 알려진 바가 거의 없다. 다만 옥포진인이 책 말미에 초학자에게 많이 읽으라고 권한 것으로 보아, 수련법에 통달한 분으로, 수련을 지도한 법사法師로 추측된다.

옥포 선생의 문하에는 이치화李致和(1860~1944, 훗날 치복致福으로 개명),[4)] 김형국金炯國(?~1917), 신원일辛

3 본서 『영보국정정지법』은 이 『영보국정정편靈寶局定靜篇』을 개제改題한 것이다.

4 이치복 성도의 차남 중학重學(1892~1978)이 지은 「선고가장先考家狀」에 따르면, 이치복 성도는 세상의 도리가 쇠미하여 공거公擧에 뜻이 없고, 당시 장덕長德 백 진사白進士와 학래鶴來 이옥포李玉圃 두 선배를 종유從遊하며 정정

"The Spiritual Treasure Corpus: The Way of the Ultimate Serenity"[3)] was put to paper by the virtuous Yi Ok-po. He is thought to have lived near present-day Buan County in North Jolla Province, and is also known as Seokbong Dao Master and Okpo Master of Trueness. Not much is known about the book, such as when and why it was set to paper, but was likely a Daoist master of meditation if gleened from the last segment of the book where he assigns conscientious reading of the text to Daoist initiates.

Students learning under Master's guidance included Kim Hyeong-guk(?-1917), Shin Won-il(?-?), and Yi Chi-hwa(1860-1944)[4)], whom

3 The title of this book "The Spiritual Treasure Corpus: The Way to the Ultimate Serenity" is the revision of title "The Spiritual Treasure Corpus: The Chapter of the Ultimate Serenity"

4 Accoring to "SeonGoGaJang" written by the second son of Yi Chi-bok, Yi Jung-hak(1892~1978), Devotee Yi Chi-bok had no intention to achieve mundane success, seeing the rightful standard of the world was in decline. He is said to have followed the two teachers

元一(?~?) 등의 제자가 있었다. 옥포는 이치화와 김형국 두 사람에게 책 한 권을 전하며 "그대들이 스승으로 받들 분은 이 뒤에 나오실 강성인姜聖人이니 나는 지로자指路者일 뿐이다."라고 하였다. 이때 전수한 책이 바로 『영보국정정편』이다.

이 책은 전통적인 일반 수행서보다 체계가 일목요연하고 수행의 핵심이 잘 정리돼 있다. 그리고 옥포 선생의 체험이 녹아 있는 것을 느낄 수 있다.

定靜에 잠심潛心하면서 이치를 공부하고 정심으로 자신을 닦는 일에 전념하였다고 한다.

Sangjenim(Heavenly Sovereign) later named. Master is known to have said, "I am one who only shows others the Way, but he whom you must receive as your true teacher is Holy Man Kang, the one who comes after me." The transmission of this book "The Spiritual Treasure Corpus: The Way of the Ultimate Serenity" happened at this time.

This book contains the essentials on spiritual practice in a clearer and more orderly way while, readers could feel the experience of Master Ok-po blends well with the contents throughout the book.

of Jangdeok Baek Jinsa and Haklae Yi Ok-po in their spiritual tour. He single-mindedly endeavored to cultivate his own mind, studied the principles of truth, dedicated himself to attain Jeongjeong.

4. 『영보국정정지법』의 전수

4. The lineage transmission of "The Spiritual Treasure Corpus: The Way to the Ultimate Serenity"

증산甑山 상제님의 본댁에서 후일 이 『영보국정정편』이 발견되었다. 그렇다면 어떤 과정을 거쳐서 책이 상제님께 전해졌을까? 그 가능성은 두 가지가 있다.

첫째는 옥포 선생이 상제님을 직접 뵙고 책을 드렸을 가능성이다. 옥포가 제자에게 '강 성인을 따르라.'고 가르친 것을 보면 옥포가 상제님을 뵈었을 가능성도 다분하다. 둘째는 상제님 도문에 들어온 이치복 성도가 상제님께 책을 올렸을 가능성이다.

이 두 가지 중에서 어느 경로로 책이 전해졌는지 알 수는 없지만, 상제님께서는 책의 가치를 인정하시고 본댁 천정에 보관해 두셨다.

The Spiritual Treasure Corpus: The Way to the Ultimate Serenity was later discovered in the home of Jeung-san Sangjenim's parents, where he grew up. Yet, how did this book come into the possession of Sangjenim? There are two possibilities.

The first is that Okpo met Sangjenim and gave it to Him directly. Considering that Okpo told his pupils to, "Follow the sage Gahng," it is highly possible that Okpo himself once met Sangjenim. The second possibility is that Yi Chi-bok gave the book to Sangjenim after becoming His disciple.

Though it is impossible to determine which of these two paths the book took in reaching Sangjenim, He recognized the value of the book and stored it in the attic of his house.

1) 남송 허욱에게 전해짐

남송南松 허욱許昱(1887~1939)은 삼덕교三德敎를 세운 사람이다. 남송은 석성石城 이치복李致福을 만남으

1) Transfer to Namsong Heo-uk

Heo-uk (1887-1939; honorific name: Namsong) established the teaching of Samdeokgyo. Heo-uk became a practitioner of the dao after

로써 도인이 되고 책을 얻었다.

이치복 성도는 전라도 부안 출신으로 도학에 관심이 깊어 옥포의 문하에서 『영보국정정편』을 법으로 삼아 공부하다가, 기유(1909)년 정월에 상제님을 찾아뵙고 입문하였다. 그 후 갑인(1914)년에 김형국 성도와 더불어 전남 보성에서 남송을 만났다. 남송은, 자식이 수도로 연공鍊功을 하면 어머니의 병환에도 효험이 있다는 말을 믿고 기꺼이 도를 받기로 결심하였다. 세 사람이 7일간 함께 수행한 다음 김형국 성도가 남송에게 전도傳道 취지를 설하고 『영보국정정편』을 전하였다. 이후로 남송은 책을 통독하고 주문을 읽었다.

삼덕교에서는 한문에 현토懸吐를 한 『영보국정정편』을 『생화정경生化正經』(1955)의 말미에 붙여 수련 법문法文으로 삼고 있다.

meeting Yi Chi-bok (honorific name: Seokseong) and received The Spiritual Treasure Corpus: The Way to the Ultimate Serenity.

Disciple Yi Chi-bok was born in Buan, Jeolla-do Province. He was deeply interested in Daoism and, under the tutelage of Okpo, made the teachings of the The Spiritual Treasure Corpus: The Way to the Ultimate Serenity fundamental to his practice of the dao. In the first lunar month of 1909 he sought out Sangjenim and became His disciple. He and Gim Hyeong-guk later met Namsong in Boseong, Jeollanam-do Province in 1914. Namsong believed that he could help his mother recover from her illness by dedicating himself through meditation, and therefore earnestly decided to become a dao practitioner. These three practiced meditation together for seven days, after which Gim Hyeong-guk taught Namsong the goal of spreading the dao and imparted The Spiritual Treasure Corpus: The Way to the Ultimate Serenity upon him. Namsong then read the entire text and chanted its mantras.

Samdeokgyo considered the version of *Saenghwajeonggyeong* that included The Spiritual Treasure Corpus: The Way to the Ultimate Serenity at the end with Korean grammar included in the Chinese characters to be an authoritative text on meditation.

2) 정산 송규를 통해 원불교로 들어감

이 책은 원불교를 개창한 소태산少太山 박중빈의 제자이자 2대 종사인 정산鼎山 송규宋奎(1900~ 1962)를 통해서 원불교로 들어갔다.

정산은 경상도 성주 사람인데 일찍이 18세 때, 상제님으로부터 종통대권을 받으신 고판례高判禮(1880~1935) 수부首婦님을 찾아가 제자로 받아달라고 했지만 수부님은 돌려보내셨다. 정산은 고부 객망리 상제님 본댁을 찾아가서 상제님의 따님과 친하게 지냈고, 그 인연으로 상제님 집 천정에서 빛바랜 책을 얻었다.

정산은 가져간 책을 훗날 소태산에게 바쳤다. 원불교에서는 이 책을 『정심요결正心要訣』이라 한다. 1951년에 수련 교서로 낸 『수심정경修心正經』은 이 『정심요결』을 수정, 보완한 것이다.

2) Its Acceptance in Won-Buddhism by Jeongsan Song-gyu

Song-gyu (1900-1962; honorific name: Jeongsan), disciple of Bak Jung-bin (creator of Won-Buddhism; honorific name: Sotaesan) and second master of the religion, accepted this book into the teachings of Won-Buddhism.

Jeongsan came from Seongju, Gyeongsang-do Province. At the early age of 18 he departed to meet Go Subunim (Go Pan-rye; 1880-1935), who received dao lineage and authority from Sangjenim. He begged her to make him a disciple, but she sent him away. Jeongsan then sought out Sangjenim's original home in Gaegmang-ri Village, Gobu County, where he became close with Sangjenim's daughter. Through his association with her he obtained a worn book (The Spiritual Treasure Corpus) from the attic of Sangjenim's home.

Jeongsan later offered the book to Sotaesan. In Won-Buddhism, this book is called *Jeongsimyogyeol.* The *Susimjeonggyeong* produced in 1951 as a training text was a revised and supplemented version of the *Jeongsimyogyeol.*

3) 안운산 태상종도사님 소장본

안운산安雲山(1922~2012) 태상종도

3) The version of the book that His Holiness the Taesang Jongdosanim Ahn Un-san

The version of the book that His Holiness the

사님이 소장하고 계시던 『영보국 정정편』은 필사본筆寫本이다.[5] 태상 종도사님은 10세 전후 생가에서 태을주 수행에 힘쓰실 때, 부친 안병욱安柄彧 선생이 소장하시던 필사본을 친히 베껴 적으셨다.

Taesang Jongdosanim Ahn Un-san (安雲山) had with him was a copy of the original manuscript.[5] At around the tender age of ten, when His Holiness Ahn Un-san was learning by heart the Taeeulju Meditation Mantras, that he reproduced longhand the copy of the very original manuscript that his father the Venerable Ahn Byeong-uk (安柄彧) had with him under his personal care.

안병욱 선생이 책을 소장한 연유는 증산도 도맥의 태동과 관련이 깊다. 차경석 성도의 교권 전횡 때문에 1916년에 수부님 교단을 나온 이치복 성도는 제화교濟化敎를 세우고 1918년경에 충청도에서 포교 활동을 전개하였다. 이때 태안군泰安郡 안면도安眠島에서 안병욱 선생을 만나서 책과 대도大道를 전하였다.

The circumstances that brought about the Venerable Ahn Byeong-uk coming to take possession of the original copy of The Spiritual Treasure Corpus : The Way to the Ultimate Serenity had a lot to do with the briskness in the advent of the Jeung San Do Movement. Yi Chi-bok, who left the Taemonim Society in 1916 due to divergent doctrinal issues with Cha Gyeong-seok, had embarked on a dissemination mission in Chungcheong-do Province after founding the Jehwagyo (濟化敎 Teach Lead & Respect School) in 1918. It was at this time that Yi Chi-bok met with the Venerable Ahn Byeong-uk in Anmyeondo Island in Taean County. There he gave Ahn Byeong-uk his own copy of the manuscript and conferred upon him the supreme dao.

5 필사본의 내용은 『생화정경』의 부록에 실린 것과 크게 다르지 않다.

5 The contents of this manuscript and the appendix of the *Saenghwajeonggyeong* are not very different.

5. 『영보국정정지법』의 전거典據

5. The source of "The Spiritual Treasure Corpus: The Way to the Ultimate Serenity"

『영보국정정편』은 앞에서 말한 바와 같이 옥포 선생이 직접 기술한 것이다. 옥포 선생은 유불선을 넘나드는 다수의 옛 문헌을 인용하였다. 선생은 그때마다 저자나 경서經書 이름을 밝혔지만, 본문 자체에 대하여는 아무런 언급을 하지 않았다. 다만 책 말미에 자신이 '천사天師의 비밀祕密을 드러내었다(敢發天師之祕)'고 마무리함으로써 전거가 따로 있음을 암시하였다.

왜 옥포 선생은 다만 '천사의 비밀'이라 했을까? 결론부터 말하면 이 책은 도교 수련서를 바탕으로 하고 불교와 유교까지 확대하여 유불선을 융합한 것이다.

『영보국정정지법』은 중국 송말 원초의 도교 수련가인 정사초鄭思肖가 1270년에 지은 『태극제련내법太極祭鍊內法』[6]과 1433년에 나온 『상

6 『태극제련내법』은 내단 수련과 법술法術을 융합한 도서道書이다. 제련내법은 죽은 자를 위하여 음식과 부주

"The Spiritual Treasure Corpus: The Way to the Ultimate Serenity" was penned directly by the hand of Master Ok-po. He alludes and quotes from the deepest depths of Confucian, Buddhist, and Daoist literature. He cites the source whenever material is culled, naming either the writer or the classical text in question, but remains reticent throughout on the core text itself. The book ends, however, with the statement "The Secret of Heavenly Teaching has now been revealed", alluding that the authority of the book lay elsewhere.

Why did Master Ok-po use the word 'the secret of heavenly teacher'? To say the conclusion first, this book is, based on the Daoist methodology of spiritual practice, integrates the traditions of Confucianism, Buddhism, and Immortalism.

A closer inspection has revealed that "The Spiritual Treasure Corpus: The Way of the Ultimate Serenity" was arranged with material and resources gathered from "*Taiji Jilian Neifa*"(*The Inner Skills of the Supreme Ultimate Offering and*

청영보제도대성금서上淸靈寶濟度大成金書』 제23권 경집상庚集上 「제진현오품諸眞玄奧品」에 있는 「시식경편施食瓊篇」과 「수화경편水火瓊篇」, 그리고 원元나라 때 임제종의 고봉원묘高峰圓妙 선사의 어록인 『선요禪要』 등을 참고하여 기술한 것으로 보인다.

Refinement)[6] written by Zheng Si Xiao in 1270, "*Shangqing Lingbao Jidu Dacheng Jinshu*" (*Highest Clarity Spiritual Treasure Golden Book of the Great Achievement of Aid and Salvation*; Volume 23, Genjishang, Circa 1433, *Shishiqiongpian* & *Shuihuoqiongpian* from *Zhuzhenxuanaopin*), and "*Chanyao*"(*Essence of Zen*), which is an analects of Zen master Gaofengyuanmiao from Linji school in Yuan Dynasty, medieval China.

符呪로써 영혼을 제도하는 의식의 일종이다. 옥포 선생은, 광무光武 연간(1897~1907)에 중국에서 들어온 것으로 추정되는 이 책에서 주로 수련에 관한 내용을 참고한 것으로 보인다.

6 "Taiji Jilian Neifa"(The Inner Skills of the Supreme Ultimate Offering and Refinement) is the Daoist book which integrates the practice of Neidan(inner alchemy) and divine arts. Jilian Neifa is a kind of rituals to edify souls with talisman, mantra, and foods. Master Okpo seemed to excerpted mainly some of practice-related contents from this book authored by Zheng Si Xiao, which is supposed to be transmitted from China during the reign of Guangmu(1897~1907).

제 2 부

『영보국정정지법靈寶局定靜之法』 본문

Part 2

The main text of "The Spiritual Treasure Corpus : The Way to the Ultimate Serenity"

1. 정정定靜의 대의大義

부정정지법 회지광지대지원 발지성지신지심

01 **夫定靜之法**은 **懷至廣至大之願**하며 **發至誠至信之心**[1]하야

염념불망즉 정정 가득

念念不忘則 定靜을 **可得**이니

정자 일정어차이제타도리 무가어오지소주

02 **定者**는 **一定於此而諸他道理**가 **無加於吾之所做**하며

허다법술 불출어거지혹세이이

許多法術이 **不出於渠之惑世而已**오

夫부 : 무릇, 대개　靜정 : 고요하다　廣광 : 넓다　渠거: 그, 앞의 내용을 가리키는 대명사　而已이이 : ~일 뿐이다
定정 : 정하다　懷회 : 품다　做주 : 짓다, 만들다

1. 정정定靜의 대의大義

01 무릇 마음을 정定하여 고요함[靜]에 이르는 법은, (수행자가) 지극히 넓고 지극히 큰 서원을 품고 지극한 정성과 지극한 믿음의 마음을 일으켜서, (이것을) 생각 생각마다 잊지 않으면 정정定靜을 얻을 수 있으리니

02 정定이란 이것에 한 번 마음을 정하면, 일체의 다른 도리道理가 내가 이루고자 하는 것에 더 보탬이 될 수 없고, 수많은 법술도 세상을 미혹하는 것에 지나지 않을 뿐이오

1. The general meaning of total concentration and ultimate serenity, Jeongjeong

01 Thus, on the way to reach one mind and perfect sereneness, the aspirants of the Dao embrace magnanimous and magnificent vows, and generate the most sincere and faithful minds. At each and every thought never forgetting it, they attain total concentration and ultimate serenity, Jeongjeong.

02 The first Jeong(定), which signifies total concentration, is that once aspirants are determined to fulfill this, then all the other teachings and thoughts can not be added upon what they are willing to do. Innumerable worldly teachings and practices are nothing more than delusions and illusions.

»sereneness 고요함　»aspirant 큰 뜻을 품은 사람　»embrace 받아들이다
»magnanimous 도량이 큰　»magnificent 웅대한　»vow 맹세
»concentration 집중　»serenity 평온　»concentration 집중
»innumerable 무수한　»delusion 망상　»illusion 환상

03 정자 귀어일정이불부동어타
靜者는 歸於一定而不復動於他하야
부귀번화 불능유심
富貴繁華도 不能誘心이오
금옥보패 무가탈지
金玉寶貝도 無可奪志하야

04 일지입정 오심 부동즉맹자지부동심
一志立定하야 吾心이 不動則孟子之不動心[2]과
노자지귀근정 개시야
老子之歸根靜이 皆是也라

歸귀 : 돌아가다 繁번 : 많다, 성하다 誘유 : 꾀다, 달래다 貝패 : 조개, 돈 根근 : 뿌리
復부 : 다시 부 華화 : 빛나다 寶보 : 보배 奪탈 : 빼앗다 皆개 : 다

03 정靜이란 마음이 하나로 정한 곳으로 돌아가 다른 것에 다시는 움직이지 않아, 부귀영화도 그 마음을 유혹하지 못하고, 금은보배도 그 뜻을 빼앗지 못하는 것이니

03 The second Jeong(靜), which signifies ultimate serenity, is that returning to the ultimate state of one mind, mind does not move in the slightest as a result of anything again. Thereupon, wealth and honor in all its glories can not tempt the mind out of it, gold and jewel in all its treasures can not take the mind away from it.

04 한 뜻으로 정定을 세워서 내 마음이 움직이지 않으면, 맹자가 말한 '부동심不動心(움직이지 않는 마음)'과 노자가 말한 '귀근정歸根靜(뿌리로 돌아가 고요함)'이 모두 이것이라.

04 Through one-pointed willingness and total concentration, if my mind does not fluctuate in the least, then it is the very state of the Mencius' imperturbable mind, and the Laozi's return to the root, the ultimate stillness.

»signify 의미하다
»ultimate 궁극적
»serenity 평온
»concentration 집중
»deviate 벗어나다
»thereupon 그 결과
»tempt 유혹하다
»treasure 보물
»willingness 하고 싶은 의지
»fluctuate 동요하다
»imperturbable 동요하지 않는
»stillness 고요

05 上無色界(상무색계)하고 下無慾海(하무욕해)하야 一念萬年(일념만년)[3]이면 耳目俱淸(이목구청)하고 心身俱忘(심신구망)하며 神氣俱爽(신기구상)하고 內外俱空(내외구공)하리니 泯於深定寂靜(민어심정적정)하야 湛然至一(잠연지일)하야 先全我太一之天而後(선전아태일지천이후)[4]에 神氣冷冷然而淸(신기냉랭연이청)[5]하고 神光炯炯然而明(신광형형연이명)[6]하야 無地不燭(무지불촉)하며 無理不通(무리불통)이니라

爽상 : 시원하다
俱구 : 모두, 함께
泯민 : 망하다, 죽다
深심 : 깊다
寂적 : 고요하다
湛잠 : 괴다, 깊다
湛然잠연: 물이 깊고 고요한 모양
炯형 : 빛나다
燭촉 : 촛불, 비추다

05 위로 색色의 경계가 없고 아래로 욕망의 바다가 없이 한 생각(우주와 하나 된 경계에 이름)이 한결같이 지속하면, 귀와 눈이 모두 맑아지고 마음과 몸을 다 잊어버리게 되어, 신神과 기氣가 모두 시원해지고 안과 밖이 모두 텅 비게 되니라.

깊은 정定과 적막한 정靜의 상태에서 (모든 것이) 사라지고 고요히 하나에 이르러서, 먼저 나의 태일지천太一之天을 온전하게 한 후에야 신기神氣가 차갑고 차가워져서 맑아지고, 신광神光이 빛나고 빛나서 밝아지니, 비추지 않는 땅이 없고 통하지 않는 이치가 없게 되느니라.

05 Above to the formless realm, below to the non desire ocean, with one-pointed thought in eternity, ears and eyes all being invigorated, being oblivious of mind and body, the spirit and the qi-energy all being activated, the inside and the outside all being hollowed, the illusion being extinguished by total concentration and ultimate serenity, aspirants attain universal oneness. Thus, first after my firmament of the ultimate one is completed, the spirit-qi cools and cools down to attain utmost purity, the spirit-light radiates and radiates forth to reach utmost brightness. Thereupon, there are no territories not to be illuminated, no secrets not to be penetrated.

»formless 형상 없는
»eternity 영원
»invigorate 기운을 북돋우다
»oblivious 의식하지 못하는
»hollowed 속이 빈
»aspirant 열망자
»firmament 창공
»penetrate 꿰뚫어 보다
»clamour 소란피우다
»agitate 떠들어 대다
»gradually 서서히
»dim 흐릿한

연 약유훤동즉 신기몽몽연이혼
06 然이나 若有喧動則 神氣懵懵然而昏하고
신광암암연이회 하익어사상지소존재
神光黯黯然而晦하나니 何益於思想之所存哉리오

유면면밀밀
07 唯綿綿密密하야
염이무념즉 일심부동
念而無念則 一心不動하고
백맥귀원 자연화강수승 기정신청
百脈歸源하야 自然火降水昇하고 氣定神清하느니라

喧훤 : 떠들썩하다 昏혼 : 어둡다 晦회 : 그믐, 어둡다 密밀 : 촘촘하다 昇승 : 오르다
懵몽 : 어둡다, 어리석다 黯암 : 검다, 어둡다 綿면 : 솜, 잇닿다 降강 : 내려가다 清청 : 맑다

06 그러나 만일 떠들고 동요하면 신기神氣가 흐릿해져서 혼미해지고, 신광神光이 어두워져서 캄캄해지니, 마음을 집중하여 깊은 생각을 보존함에 무슨 이로움이 있겠는가.

06 If you, however, clamour and agitate, then the spirit-qi would gradually dim into the dimness, the spirit-light would gradually darken into the darkness. Then, how beneficial could that be in concentrating your mind and conserving your own one-pointed thought?

07 오직 끊임없이 치밀하게 생각하되 무념의 상태가 되면, 일심一心이 흔들리지 않고

모든 맥脈이 근원으로 돌아가서, 자연히 화火는 아래로 가라앉고 수水는 위로 솟아올라[水昇火降] 기氣가 안정되고 신神이 맑아지느니라.

07 Think deep and thorough to reach a thoughtless thought, then you would not deviate from one mind with all the channels and pulses returning to the harmonious origin. Thus, in due process, as the fire goes down and the water goes up, the qi-energy shall be activated and the spirit shall be enlightened.

»beneficial 이로운 »thorough 철저한 »pulse 맥박 »activate 작동시키다
»concentrate 집중하다 »deviate 벗어나다 »harmonious 조화로운 »enlighten 깨우치다
»conserve 보존하다 »channel (에너지)채널 »due 마땅한 »radiate 내뿜다

태우발광 허실생백 상투천계 하철지부
08 泰宇發光[7]에 虛室生白하야 上透天界하고 下徹地府하며
공공동동 광명무변
空空洞洞하야 光明無邊하나니
근이무간 귀신경계 통시철개
勤而無間하면 鬼神境界도 洞視徹開하니라
연 행유오기 제일왈 불신
09 然이나 行有五忌하니 第一曰 不信이요
차왈 설독 차왈 집착 차왈 환희 차왈 욕속
次曰 泄瀆이요 次曰 執着이요 次曰 歡喜요 次曰 慾速이니

透투 : 통하다
徹철 : 꿰뚫다
洞동 : 골, 비다
邊변 : 가장자리, 끝
洞통 : 꿰뚫다
洞視통시 : 꿰뚫어 봄
忌기 : 꺼리다
泄설 : 새다
執집 : 잡다
歡환 : 기쁘다

08 대우주가 빛을 발發함에 텅 빈 마음에서 밝은 빛이 나와, 위로 천계天界를 통하고 아래로 지부地府까지 꿰뚫어 텅 비고 텅 비어 광명光明이 끝이 없나니

부지런히 닦아 쉼이 없으면 귀신 경계도 환히 보고 꿰뚫을 수 있느니라.

09 그러나 행하는 데 다섯 가지 금기가 있으니, 첫째는 불신不信으로 믿지 않는 것이요, 둘째는 설독泄瀆으로 집중하지 않고 다른 생각으로 빠지는 것이요, 셋째는 집착執着으로 마음이 쏠려 매달려 있음이요, 넷째는 환희歡喜로 기뻐하여 동요됨이요, 다섯째는 욕속慾速으

08 As the eternal universe radiates resplendence and the void of creation emits brilliance, aspirants connect with, above, the heavenly realms, and penetrate through, below, the earthly spheres. Wholly hollowed and hollowed, the radiation of resplendence proceeds into infinity. With sincere devotion and constant dedication, they see through and penetrate into the realms of both heavenly and earthly spirits.

09 In the ordinary practice, however, there are five hindrances to be avoided. The first is unfaithfulness, that is, not to truly believe. The second is distractedness, that is, to deviate unmindfully into other thoughts. The third is attachment, that is, to be engrossed in things without awareness. The fourth is exultation, that is, to be overly joyful without mindfulness. The fifth is haste, that is, to

»resplendence 찬란함
»emit 발하다
»aspirant 열망자
»penetrate 꿰뚫다
»sphere 영역
»constant 끊임없는
»dedication 헌신
»hindrance 방해
»unfaithful 진실하지 않은
»distracted 산만해진
»deviate 벗어나다
»unmindful 부주의한

개 위 대 병　　필 락 사 도　　경 지 신 지

皆爲大病이라 **必落邪道**하리니 **敬之愼之**하라

2. 정정定靜에 이르는 첫걸음

약 초 학　　정 좌　　필 고 어 자 심 부 정

10 **若初學**이 **靜坐**에 **必苦於自心不定**하야

번 잡 지 념　　반 생 금 기 즉　　유 재 관 관 만 만

煩雜之念이 **反生禁忌則 惟在寬寬慢慢**하야

임 지 자 연　　정 정　　가 득　　비 여 탁 수 대 청

任之自然이면 **定靜**을 **可得**이니 **譬如濁水待淸**에

皆개 : 모두, 다　邪사 : 간사하다　愼신 : 삼가다　雜잡 : 복잡하다　慢만 : 게으르다, 거만하다
落락 : 떨어지다　敬경 : 공경하다　煩번 : 번거롭다　寬관 : 너그럽다

로 빨리 이루고자 하는 욕심이라. 이는 모두 큰 병이 되어 반드시 삿된 길에 떨어지게 되리니 경계하고 삼가라.

have a greedy desire to reach goals quickly. These are all formidable diseases that make one fall into evil ways. Thus, stay awakened and refrain from it.

2. 정정定靜에 이르는 첫걸음

2. The first step towards total concentration and ultimate serenity, Jeongjeong

10 만약 처음 배우는 사람이 정좌靜坐를 함에, 반드시 자신의 마음이 안정되지 않음을 괴로워하여 번잡한 생각이 도리어 금기해야 할 바를 일으키나니

오로지 마음을 느긋하고 여유롭게 하여 자연에 맡기면 정정定靜을 얻을 수 있으리니

10 Newly initiated beginners necessarily would have difficulty taking a quiet-sitting pose due to their fluctuant mind. The mind of impure thoughts itself rather creates what need to be prohibited. Therefore, they should stay calm and relaxed, and surrender to the natural process to attain total concentration and ultimate serenity, Jeongjeong. This is, allegorically, like someone

»attachment 애착　»formidable 가공할　»fluctuant 동요하는　»serenity 평온
»engrossed 몰두한　»refrain 삼가다　»impure 탁한　»allegorically 우화적으로
»exultation 몹시 기뻐함　»initiate 입회하다　»surrender 굴복하다　»scripture 경전

급 욕 징 청 빈 고 삭 찰 즉 이 탁 우 기 야
急欲澄淸하야 **頻考數察則 泥濁**이 **尤起也**라

고 정 관 경 운 이 속 심 태 급 선 위 상 계 자
11 **故**로 **定觀經**[8]에 **云 以束心太急**[9]으로 **先爲上戒者**하나니

약 혹 미 정 악 경 출 현 즉 회 심 민 민 구 의 한 한
若或未定에 **惡境**이 **出現則 回心泯泯**하고 **求意閑閑**하야

다 다 밀 념 태 을 구 고 천 존 육 자 성 호 자 연 정 이 정 의
多多密念 太乙救苦天尊六字聖號[10]하면 **自然定而靜矣**리라

急급 : 급하다　澄징 : 맑다　頻빈 : 자주　數삭 : 자주　泥니 : 진흙, 진창　戒계 : 경계하다　惡境악경 : 수행 중에 나타나는 마경魔境　閑한 : 한가하다　救구 : 구하다

비유컨대 흐린 물이 맑아지기를 기다리면서 성급히 맑게 하기 위해 자주 들추어 살피면, 흙탕이 더욱 일어나는 것과 같으니라.

11 그러므로 『정관경定觀經』에서 말한 '마음 단속을 너무 성급히 하는 것'을 우선 가장 경계하노니

만약 마음이 정定에 이르지 못하여 마경魔境이 나타나면, 마음을 돌려 없애버리고 다시 뜻을 구함에 여유롭고 한가롭게 하여

'태을구고천존' 여섯 자字 성호聖號를 아주 많이 치밀하게 읽으면 자연히 정定하고 정靜하게 되리라.

who waits for muddy water to become clean. The more frequently the person check up the condition of water impatiently, the muddier the water becomes.

11 Thus, scripture *Dingguanjing(scripture on Concentration and Observation)* strongly admonishes beginners against their proclivities for impetuous controlling of mind. If aspirants have not yet reached total concentration and experience evil illusional visions inside, then they should immediately retrieve their minds from it to remove impressions. Then, with comfort and leisure of redeemed mind, resuming seeking for providence, they recite wholeheartedly six-letter holy name tae eul gu go cheon jon many times, thereupon, in due process, they attain total concentration(定) and ultimate serenity(靜.)

»concentration 집중　»observation 관찰　»admonish 경고하다
»proclivity 성향　»impetuous 충동적인　»illusional 환상의
»retrieve 회복하다　»impression 기억　»redeem 되찾다
»resume 재개하다　»providence 섭리　»appearance 모습

범행사지제 만상삼연 불가태홀언
12 凡行事之際에 萬像森然이라도 不可怠忽焉이라
분운화두 실종심두소출
紛紜話頭[11]가 悉從心頭所出[12]이니
일체기이수승선악응험지사 수여심설 수여심생
13 一切奇異殊勝善惡應驗之事가 隨汝心設하며 隨汝心生하며
수여심구 수여심현 욕사도심 만견인심
隨汝心求하며 隨汝心現일새 欲使道心으로 挽牽人心[13]이라가
변추어타권중 정퇴사진 기불신재
便墜於他圈中이면 正退邪進하나니 豈不愼哉리오

際제 : 즈음 / 늘어서다 / 紛분 : 어지럽다 / 悉실 : 다 / 便변 : 곧
森삼 : 빽빽하다, / 怠태 : 게으르다 / 紜운 : 어지럽다 / 隨수 : 따르다 / 豈~哉:어찌~하겠는가

12 무릇 수련을 할 때 온갖 사물의 형상이 빽빽하게 늘어설지라도 게을리하거나 소홀히 하지 말라. 어지러운 화두가 다 마음을 좇아 일어나는 것이니

12 Generally, during the practice, even if the appearances of all sorts of things and occasions arose, aspirants should not be indolent or neglectful of it. All the confusing thoughts originate with thought-creating mind itself.

13 일체의 기이奇異한 일과 특별히 뛰어난 일과 선악과 응험의 일이 너의 마음을 좇아 펼쳐지고, 너의 마음을 좇아 생겨나고, 너의 마음을 좇아 구해지며, 너의 마음을 좇아 나타나므로

도심道心으로 하여금 인심人心을 끌어당기려 하다가 곧 다른 권역에 떨어지면, 정도正道가 물러가고 사도邪道가 다가오니, 어찌 삼가지 않겠는가.

13 All the incidents unusual and exceptionally prominent, and all the incidents as the effects of good and evil are the result of your mind. Your mind caused them, in due course of time, to unfold, arise, seek and manifest in the outside world. If you let your dao's mind be dragged down by your human's mind, thereby fall into the sphere of other path, right path would decline and evil path would rise. Then, how can you not refrain from it?

»indolent 나태한 / »originate 비롯되다 / »incident 사례 / »drag down 맥빠지게 만들다
»neglectful 등한한 / »exceptionally 이례적으로 / »due 응분의 / »refrain 삼가다
»confusing 혼란스러운 / »prominent 두드러진 / »manifest 나타나다 / »turn to ~에 의지하다

차 유 명 경 계 지 재 아 일 념 전 이 지 지
14 **且幽冥境界**도 **只在我一念轉移之地**니
신 물 투 심 우 화 두 소 시
愼勿投心于華頭所施하라
약 혹 시 지 시 약 불 견 초 불 괘 어 심 의
15 **若或視之**라도 **視若不見**하야 **稍不掛於心意**하고
필 이 일 점 진 심 반 귀 현 묘 정 성 극 일
必以一點眞心으로 **反歸玄妙**하야 **精誠極一**이면
철 석 구 개 골 육 분 형 심 위 천 지 만 령 지 주
鐵石俱開하고 **骨肉分形**하야 **心爲天地萬靈之主**하고

幽유 : 그윽하다	**只**지 : 단지, 다만	**于**우 : ~에	**若**약 : 같다, 만약	**掛**괘 : 걸다
冥명 : 어둡다	**轉移**전이 : 옮김, 이동	**施**시 : 베풀다	**稍**초 : 점점, 약간	**極**극 : 지극하다

14 또 저승 경계도 단지 나의 한 생각[一念]이 바뀌는 곳에 있으니, 온갖 화려함이 베풀어진 바에 삼가 마음을 던지지 말라.

15 만약 그것을 보더라도 보지 않은 듯이 하여 조금도 마음과 뜻에 걸어두지 말고, 반드시 한 점 참된 마음으로 현묘玄妙한 곳으로 되돌아와 정성을 지극히 하여 하나[一]에 이르면

쇠와 돌[鐵石]이 함께 열리고, 뼈[骨]와 살[肉]이 형체가 나뉘어, 마음[心]은 천지 만령天地萬靈의 주인[主]이 되고, 몸[身]은 음양 조화의 집이 되느니라.

14 Also, the spiritual realms truly exist where my one thought turns to. Thus, humbly do not lose your mind to the unfolding splendor of illusion.

15 When you see it, see through it lest it touch your mindfulness at all. With one-pointed pure mind, returning back to the mysterious wonder, sincerity reaches the highest degree of purity. Then, even iron and rock shall be separated, and bone and flesh shall be differentiated. The human mind is the master of all spirits in heaven and earth, and the human body is the house of yin and yang's creation-transformation.

»unfold 펼치다	»illusion 허상	»mysterious 오묘한	»dedication 헌신
»humbly 겸손히	»lest ~하지 않도록	»wonder 경이	»purity 순수
»splendor 현란함	»mindfulness 깨어있음	»whole-hearted 전심전력의	»differentiate 구별하다

신 위 음 양 조 화 지 택
身爲陰陽造化之宅이라

고 음부경 운 오적재호심 우주재호수
16 **故**로 **陰符經**[14]에 **云 五賊在乎心**[15]하고 **宇宙在乎手**하고
만 화 생 호 신 자 차 야
萬化生乎身者가 **此也**라

근 세 수 련 지 사 왕 왕 이 외 구 화 식 선 념 과 주
17 **近世修鍊之士**가 **往往以外具華飾**으로 **宣唸科呪**[16]하고
회 욕 칭 수 공 도 세 월 기 입 어 진 경 재
懷欲稱修호대 **空度歲月**하니 **豈入於眞境哉**아

賊적 : 도둑 鍊련 : 단련하다 華飾화식 : 화려하게 장식함 懷회 : 품다 空度공도 : 헛되이 보내다
此차 : 이것 具구 : 갖추다 稱칭 : 일컫다

16 그러므로 『음부경陰符經』에 이르기를 "오적五賊이 마음속에 있고, 우주가 손 안에 있고, 만 가지 변화가 몸에서 생겨난다."라고 한 것이 이것이라.

16 Therefore, scripture Yinfujing(Scripture on the Hidden Talisman) says "Five enemies are within the mind, the universe is within the hand, and a myriad of changes arise within the body."

17 근세에 수련하는 사람들이 왕왕 외모를 화려하게 꾸미고서, 경문을 읽고 주문을 외우며, 욕심을 품고 수도한다고 일컬으면서 헛되이 세월만 보내니, 어찌 참된 경계에 들어가겠는가.

17 In recent times, there are those who, reading scriptures and chanting mantras, want to be called the practitioners of the Dao, while, in truth, they often embellish outward appearances, and waste time in vain. How could they attain to the true realm?

»scripture 경전
»talisman 부적
»enemy 장애물
»myriad 무수한
»recent 최근의
»chant (주문을)외다
»practitioner (가르침을)실천하는 자
»embellish 치장하다
»outward 표면상의
»in vain 헛되이
»supreme 최고의

18 蓋夫至道(개부지도)는 深窈(심요)나 不在其他(부재기타)하니
人能弘道(인능홍도)면 道不遠人(도불원인)[17]이라
19 子思曰(자사왈) 道也者(도야자)는 不可須臾離也(불가수유리야)라 하고
又曰(우왈) 率性之謂道(솔성지위도)라 하고 曾子曰(증자왈) 知止而後(지지이후)에 有定(유정)이니
定而後(정이후)에 能靜(능정)하며 靜而後(정이후)에 能安(능안)하며 安而後(안이후)에 能慮(능려)하며

蓋개 : 덮다, 대개　窈요 : 그윽하다　遠원 : 멀다　臾유 : 잠깐　率솔 : 따르다
深심 : 깊다　弘홍 : 크다, 넓다　須수 : 모름지기　離리 : 떠나다　謂위 : 이르다

18 대개 지극한 도는 깊고 그윽하나 다른 곳에 있지 아니하나니, 사람이 도道를 닦아 넓히면 도道는 사람을 멀리하지 않느니라.

18 Thus, the supreme Dao is deep and profound, and it is not anywhere else. If humans broaden the Dao, the Dao shall not avoid humans.

19 자사子思는 "도道라는 것은 잠깐이라도 몸에서 떨어지지 아니하는 것이라." 하고, 또 "성性을 따르는 것을 도道라." 하고

증자曾子는 "그칠 곳[止]을 안 후에 정定함이 있으니, 정定한 후에 고요[靜]할 수 있으며, 고요해진 후에 편안[安]할 수 있으며, 편안해진 후에 생각[慮]할 수 있으며, 생각한 후에 얻을[得] 수 있느니라."라고 하였으니

19 Zisi said, "What is called Dao is never separated, even for a moment, from the body." Also, Zisi said, "To comply with one's true nature is called Dao." Zengzi said, "The point where to rest being known, the object of pursuit is then determined; and, that being determined, a calm unperturbedness may be attained to. To that calmness there will succeed a tranquil repose. In that repose there may be careful deliberation, and that deliberation will be followed by the attainment of the desired end." These are all with respect to that

»profound 심오한　»pursuit 추구　»repose 휴식　»virtue 덕
»broaden 넓히다　»unperturbed 동요하지 않는　»deliberation 숙고　»be endowed with ~를 타고 나다
»comply (with) 따르다　»tranquil 고요한　»with respect to ~에 대하여

여 이 후 능 득 차 개 자 명 기 명 덕 지 사 야

慮而後에 **能得**이니라 하니 **此皆自明其明德之事也**라

아 기 유 차 명 덕 기 불 수 련 이 명 지 호

我旣有此明德하니 **豈不修煉而明之乎**아

차 일 단 사 자 수 명 덕 야 약 부 지 수 화 현 묘 지 리

20 **此一段事**는 **自修明德也**니 **若不知水火玄妙之理**와

오 행 생 화 지 도 즉 도 시 장 점 아 희 이

五行生化之道則 徒是粧點兒戲耳라

慮려 : 생각하다	旣기 : 이미	若약 : 같다, 만약	粧장 : 단장하다	戲희 : 놀이, 놀다
德덕 : 크다, 덕	段단 : 층계	徒도 : 무리, 다만	兒아 : 아이	耳이 : ~ 뿐이다

이것은 모두 스스로 자신의 밝은 덕[明德]을 밝히는 일이라. 나에게 이미 이러한 밝은 덕이 갖추어져 있으니 어찌 수련하여 밝히지 않겠는가.

which brighten my own bright virtue. I've been already endowed with this bright virtue intrinsically, then how could I not discipline myself to illuminate it.

20 이러한 한 토막의 일은 스스로 밝은 덕[明德]을 닦는 것이니, 만약 수화水火의 현묘한 이치와 오행이 생성되고 변화하는 도를 알지 못하면, 한갓 어린 아이가 (얼굴에) 분 바르고 점 찍는 장난에 불과하니라.

20 This one part of instances is for the self-cultivation of the bright virtue. If aspirants do not know the wondrous principle of water & fire agents and the way of five agents' formation and change, then it would be merely the play of a decorated child.

»intrinsically 본질적으로
»discipline oneself 심신을 단련하다
»illuminate 밝히다
»instance 사례
»cultivation 수양
»wondrous 경이로운
»agent 동인(動因)
»formation 형성
»merely 단지~뿐인
»decorated 잘 꾸민
»concentration 집중

3. 자기조화自己造化의 연도법煉度法

대저정정연도지법　　내련자기조화지도
21 大抵定靜煉度之法[18]은 內煉自己造化之道니
구역행지　심화하강　　신수상승
苟力行之면 心火下降하고 腎水上昇하야
진일지수만구감윤향미자　　신중진수상승지외후야
眞一之水滿口甘潤香味者[19]는 腎中眞水上昇之外候也라

煉련 : 달구다, 단련하다	造조 : 짓다, 만들다	苟구 : 진실로, 다만	滿만 : 가득하다	候후 : 기후, 조짐
度도 : 법도	腎신 : 콩팥	昇승 : 오르다	潤윤 : 윤택하다	媾구 : 화친하다

3. 자기조화自己造化의 연도법煉度法

21 무릇 정정定靜의 연도煉度법은 곧 자기조화自己造化의 도道를 수련하는 것이라.

진실로 힘써 행하면, 심화心火가 아래로 내려오고 신수腎水가 위로 올라가, 진일지수眞一之水가 입안에 가득하여 달고 부드러우며 향기로운 맛이 나는 것은

신장 속의 진수眞水가 상승하는 외부 징후이니라.

3. The technical method of self-creation-transformation

21 Thus, the technical method of total concentration and ultimate serenity, Jeongjeong is to discipline oneself through one's own dao of creation-transformation and put it into practice wholeheartedly. Then, the heart-fire goes down and the kidney-water goes up, and the saliva of essentiality, sweet and fragrant, accumulates fully in the mouth, which is the symptom that occurs due to the upward movement of the kidney's essence-water.

»serenity 고요함	»essentiality 본질	»trigram 괘卦	»circulation 순환
»kidney 콩팥	»fragrant 향기로운	»merge 합치다	»uppermost 가장 위의
»saliva 침	»accumulate 축적하다	»reversal 역류	»elixir 영약, 정수(精髓)

감 리 교 구　　　수 화 기 제 지 후　　　조 화 개 상 조 어 니 환 야

22 坎離交媾[20]하야 水火旣濟之後[21]에 造化皆上朝於泥丸也[22]니

운 아 일 점 영 광 즉　화 위 화 령 어 남 창 상 궁

運我一點靈光則 化爲火鈴於南昌上宮[23]하야

상 투 어 니 환 현 궁

上透於泥丸玄宮이니

정 문　　미 동　　인 성 행 지 즉　정 문　　활 연

23 頂門이 微動에 因誠行之則 頂門이 豁然하야

초 여 만 의 회 집 지 상　　　심 양 양 지　　　신 물 괄 마

初如萬蟻會集之像이라 甚痒癢之라도 愼勿刮摩라

鈴령 : 방울　微미 : 작다, 정교하다　蟻의 : 개미　癢양 : 痒과 같은 자　摩마 : 문지르다, 비비다

頂정 : 정수리　豁활 : 뚫린 골, 열리다　痒양 : 가렵다　刮괄 : 닦다, 비비다

22 감리坎離가 교합하여 수화水火가 바뀌어 자리를 잡은 뒤에 조화造化가 모두 위로 니환궁泥丸宮에 모이니

나의 한 점點 신령스러운 빛을 운행하면, 남창상궁南昌上宮에서 불방울[火鈴]이 되어 위로 니환현궁泥丸玄宮을 꿰뚫을 것이니

22 After the trigram kan and the trigram li are merged into each other, and the reversal circulation between the water and the fire comes to a completion, the process of creation-transformation proceeds upward all towards the uppermost energy center. As I circulate my one-pointed spirit-light, it becomes a fire bead at the upper elixir field, and penetrates upward into the vertex of the head.

23 정문頂門이 미미하게 움직일 때 정성을 다하여 행하면, 정문이 활짝 열려서 처음에는 개미 일 만 마리가 운집한 모습과 같으리니, 심하게 가렵더라도 삼가 문지르거나 긁지 말라.

23 When the blocked gate of the crown of the head begins to open slightly, put it into practice sincerely, then the gate shall open wide. Thereupon, a sensation shall arise, at first, like the assemblage of ten-thousand ants. Despite being very itchy, do not scratch or scrub it.

※upper elixir field = 상단전　»blocked 막힌　»sensation 감각　»itchy 가려운
»penetrate 관통하다　»crown 맨 꼭대기　»assemblage 집합체　»scrub 문지르다
»vertex 정수리　»sincerely 진심으로　»despite ~에도 불구하고　»congregate 모이다

취정회신우정상즉 홀연청뢰일성
24 聚精會神于頂上則 忽然淸雷一聲에
정문 여거석열개 일신만령 출입차문
頂門이 如巨石裂開라 一身萬靈이 出入此門호대
형모광명 여망석지월
形貌光明하야 如望夕之月이라
삼계천진 운집니환 환희화열 여동기지친야
25 三界天眞이 雲集泥丸하야 歡喜和悅이 如同氣之親也니
차내묵조상제법 실동일리야
此乃默朝上帝法으로 實同一理也라

聚취 : 모으다 忽홀 : 갑자기, 문득 貌모 : 모양 悅열 : 기쁘다 朝조 : 아침, 뵈다
會회 : 모이다 雷뢰 : 우뢰 望망 : 보름, 음력 15일 默묵 : 잠잠하다 當당 : 마땅히

24 정수리 위에서 정精과 신神이 모이면, 홀연 맑은 천둥(우뢰) 소리가 한 번 울리며 정문頂門이 마치 큰 바위가 쪼개지듯 열리나니

몸에 깃든 만령萬靈이 이 문을 통해 출입하는데, 그 형모가 환하게 밝아서 마치 보름달 같으니라.

24 As the essences congregate and the spirits convene at the top of the crown of the head, suddenly a peal of thunder from the clear sky rumbles, and the crown of the head, like a gigantic rock being torn apart, opens wide. All the spirits in the body enter and exit through this gate, and the appearances of them shine bright as if one saw a full moon.

25 삼계의 온갖 신[天眞]이 니환泥丸에 구름처럼 몰려들어 매우 즐겁고 기뻐함이 동기간의 친함과 같으니, 이것은 곧 말없이 상제님을 알현하는 법과 실로 같은 이치니라.

25 Heavenly spirits from three realms congregate at the vertex of the head, delighting and rejoicing as with the intimacy of brotherhood. This is indeed the way of having a silent audience with Sangjenim. The same principle is applied in both the occasions.

»convene 소집하다
»crown 정수리
»peal 큰 소리
»rumble (천둥이)우르릉 울리다
»gigantic 거대한
»tear apart 산산조각내다
»congregate 모이다
»vertex 정수리
»intimacy 친밀함
»audience 알현
»concentrate 집중하다

26 **行此者**는 **當先注意於下丹田**하야
淡然良久에 **水火交媾**하고
玉池水生하야 **滿口嚥下**하며
精靈이 **乃昇上朝於泥丸頂門**[24]이라

淡담 : 맑다, 담백하다 淡然담연: 욕심이 없고 깨끗한 모양 良량 : 어질다, 잠깐 久구 : 오래다 玉池옥지 : 혀 아래쪽에 있는 침샘 滿만 : 그득하다 嚥연 : 삼키다 精정 : 정하다

26 이것을 행하는 사람은 마땅히 먼저 하단전下丹田에 의식을 집중해야 하는데

담연히 오랫동안 있음에 수화水火가 교합하고, 입안에 침이 생겨서 한 입 가득 삼켜 내려 보내면

정령精靈이 위로 올라가 니환과 정문에 모이니라.

26 One who practices this should first concentrate thoughts on the lower elixir field, and sustain this state unperturbed for a considerable length of time so that the water and the fire be merged into each other. If sufficient amount of saliva accumulates in the mouth, swallow it in one gulp. Then, the essence-spirit shall ascend and congregate at the vertex and the crown of the head.

»elixir 영약, 정수(精髓)
»sustain 유지하다
»unperturbed 동요하지 않는
»considerable 상당한
»merge 합치다
»sufficient 충분한
»saliva 침
»gulp 꿀꺽 한 입
»ascend 오르다
»congregate 모이다
»vertex 정수리

27 若不運玉池嚥下則 但炎上하야 燼之焦之而已라
是故로 行鑄之士每日夜半清晨에
常行內煉而必以雙眼[25]으로 當我胸前하야 抵垂乎臍下하고
使脊後로 高於頂頭하야

28 心思火降水昇하고 意存坎離交媾則 自然水火循環하야

燼신 : 깜부기불	晨신 : 새벽	抵저 : 다다르다	臍제 : 배꼽	循순 : 돌다
鑄주 : 불리다, 달구다	雙쌍 : 둘, 한 쌍	垂수 : 드리우다	脊척 : 등뼈	環환 : 고리, 돌다

27 만약 입안의 침(水)을 삼키지 않으면, 단지 불꽃만 위로 솟아올라 태우고 그을릴 뿐이라.

이 때문에 수련을 하는 사람은 매일 한밤중과 첫새벽에 항상 내련內煉을 행하되, 반드시 두 눈은 나의 가슴 앞을 향하여 배꼽 아래로 드리우고, (의식은) 등 뒤에서 위로 정수리 꼭대기까지 올리며

27 In case, unfortunately, the saliva in the mouth is not swallowed, it is as if flames of fire, sooting and burning an object, flared upwards. Therefore, practitioners daily in the early morning and midnight, should practice the inner alchemy with both eyes directed to the area in front of the chest and then to the area below the navel, consciously thinking the energy up along the back all towards the crown of the head.

28 마음은 수승화강水昇火降을 생각하고 뜻은 감리坎離의 교합交合에 두면, 자연히 수화水火가 순환하고 오래도록 돌아 완전히 익어서

정精과 신神이 모두 니환泥丸에 모이고 불방울[火鈴]이 정문頂門에서 발출하니

28 Consciously focus on the process of water-ascending-fire-descending, and volitionally concentrate on the mergence between the trigram kan and the trigram li, then, in due process, the reversal-circulation between the water and the fire starts and proceeds for a sufficient length of time till it reaches pure maturation. Thereupon,

»saliva 침	»navel 배꼽	»ascend 오르다	»mergence 합쳐짐
»soot 검댕이 되게 하다	»consciously 자각하여	»descend 내려가다	»trigram 괘卦
»flare 확 타오르다	»crown 정수리	»volitionally 자유의사로	»reversal 역류

전 구 순 숙　　정 신　　개 조 어 니 환
轉久純熟하야 **精神**이 **皆朝於泥丸**하고

화 령　　발 출 어 정 문
火鈴이 **發出於頂門**이니

차 내 전 도 지 비　　수 도 지 요　　각 도 지 진 결 야
此乃傳道之祕요 **修道之要**요 **覺道之眞訣也**라

선 행 정 정 지 법　　개 유 차 사 이 이　　비 정 정
29 **先行定靜之法**은 **盖由此事而已**니 **非定靜**이면

수 화 불 승 강 고　　득 차 자 가 극 일 이 성 공 야
水火不昇降故로 **得此者可克日而成功也**라

轉전 : 구르다　純순 : 순수하다　熟숙 : 익다　發出발출: 생겨서 나옴　祕비 : 숨기다, 신비하다　覺각 : 깨닫다　訣결 : 헤어지다, 비결　故고 : 연고, 까닭　克극 : 이기다, 해내다　克日극일: 날을 정함

이것이 곧 도를 전하는 비밀이요, 도를 닦는 요체이며, 도를 깨닫는 참 비결이니라.

all the essences and the spirits shall congregate at the vertex of the head, and a fire bead shall emerge from the crown of the head. This is, indeed, the secret of the transmission of the Dao, the essence of the cultivation of the Dao, and the true way to the enlightenment of the Dao.

29 먼저 정정定靜법을 행함은 대개 이 일로 말미암을 뿐이니

정정定靜이 되지 않으면 수화水火가 오르내리지 못하기 때문에

이것을 얻은 자라야 기일을 약정하여 공功을 이루게 되리라.

29 Principally owing to this, the method of Jeongjeong is put into practice first. Because, in the absence of Jeongjeong, the water cannot go up and the fire cannot go down. One who acquires this shall, within a fixed time limit, achieve the goal.

»circulation 순환　»sufficient 충분한　»maturation 성숙
»congregate 모이다　»vertex 정수리　»bead 구슬
»emerge 나오다　»transmission 전달　»principally 주로
»owing to ~때문에　»absence 부재, 없음　»acquire 얻다

4. 영보靈寶를 닦는 삼요체三要體

선 요 운 대 요 유 삼 일 왈 대 신 근
30 **禪要**[26]에 **云 大要有三**하니 **一曰 大信根**이요
이 왈 대 분 지 삼 왈 대 의 정
二曰 大憤志요 **三曰 大疑情**이니
의 자 이 신 위 체 오 자 이 의 위 용 신 유 십 분
31 **疑者**는 **以信爲體**하고 **悟者**는 **以疑爲用**이라 **信有十分**이면
의 유 십 분 의 득 십 분 오 득 십 분
疑有十分이오 **疑得十分**이면 **悟得十分**이라 하니

禪선 : 좌선, 참선
要요 : 구하다, 종요롭다
憤분 : 분하다, 힘쓰다
疑의 : 의심하다
體체 : 몸
十分십분: 아주, 충분히
悟오 : 깨닫다

4. 영보靈寶를 닦는 삼요체三要體

30 『선요禪要』에 이르기를 "참선함에 큰 요체가 셋 있으니, 첫째는 큰 믿음의 뿌리[大信根]를 갖는 것이요, 둘째는 크게 분발하는 의지[大憤志]를 갖는 것이요, 셋째는 크게 의심하는 뜻[大疑情]을 갖는 것이라.

31 의심은 믿음[信]을 바탕[體]으로 삼고, 깨달음[悟]은 의심을 쓰임[用]으로 삼느니라.

그러므로 믿음이 십분十分이면 의심도 십분이요, 의심이 십분이면 깨달음이 십분이라." 하니

4. Three essentials required to cultivate the Spiritual Treasure

30 Scripture Chanyao(Essence of Zen) says, "There are three keys to open the door of meditation. The first is the rootedness in great faith, the second is the willingness in great indignation, and the third is the mindfulness in great doubt."

31 Faith is the substance of doubt, and doubt is the function of knowing. Therefore, great faith leads to great doubt, and great doubt leads to great knowing. This is the shortest way to attain total concentration and ultimate serenity, Jeongjeong.

»essential 요점
»treasure 보물
»scripture 경전
»essence 정수
»zen (불교의) 선禪
»meditation 명상
»rooted 뿌리 깊은
»willingness 하고 싶은 의지
»indignation 분노
»mindful (정신이)깨어 있는
»substance 본질, 실체
»doubt 의심

차설 즉정정지첩법야
此說이 卽定靜之捷法也라

하자
32 何者오

무대원 지성불생 무대의 사분불생
無大願이면 至誠不生하고 無大疑면 死憤不生하고

무대신 진의불생
無大信이면 眞疑不生하나니

문 하이 원차분의신지성 소출
33 問 何以로 願此憤疑信之誠이 所出고

說설 : 말씀 捷첩 : 빠르다 願원 : 바라다 何하 : 어찌 誠성 : 정성

이것이 정정定靜을 얻는 가장 빠른 법이니라.

32 무엇 때문인가? 큰 소원[大願]을 품지 않으면 지극한 정성이 생겨나지 않고, 큰 의심[大疑]이 없으면 죽음을 무릅쓸 분발심이 생겨나지 않고, 큰 믿음[大信]이 없으면 진정한 의심이 생겨나지 않기 때문이라.

32 Why? Because, in the absence of great vow, utmost sincerity does not form, in the absence of great doubt, desperate indignation does not rise, and, in the absence of great faith, true doubt does not occur.

33 묻기를 "어찌하여 이러한 분발심[憤心]과 의심과 믿음의 정성이 나오는 바를 원하는가?" 하니

33 Asked thus, "Why do aspirants desire the sincerity of this indignation, doubt and faith to be generated?"

»function 작용
»concentration 집중
»ultimate 궁극의
»serenity 고요함
»absence 부재, 없음
»vow 맹세
»utmost 지극한
»sincerity 정성
»desperate 절박한
»aspirant 큰 뜻을 품은 사람
»sincerity 성실함
»generate 발생시키다

34 曰 一天之下에 至妙至寶至聖至尊之法이
唯一靈寶眞局也라 靈寶之局은
人人이 各有稟賦於身內而天素命之니 即我之本性이라
35 率性修道하면 明德發揮하야 可以治國而平天下하며
可以爲億兆之君師[27]하며 可以得無量之壽仙이라

尊존 : 높다, 어른　靈령 : 신령　稟품 : 여쭈다, 받다　賦부 : 매기다, 받다　素소 : 본디, 바탕　率솔 : 따르다　明德명덕 : 사람의 마음에 있는 밝은 본성　壽수 : 목숨　仙선 : 신선

34 대답하기를 "온 천하에 지극히 묘하고 지극히 보배롭고 지극히 성스럽고 지극히 존귀한 법은 오직 하나 영보진국靈寶眞局이라. 영보국은 사람마다 제 몸 안에 선천적으로 타고난 것이요, 하늘이 본래 명해서 주신 것이니, 곧 나의 본성本性이라.

34 Answered thus, "In the whole universe, the most wondrous, the most valuable, the most holy, the most noble dharma is solely the Spiritual Treasure True Corpus. The Spiritual Treasure's Corpora are innately bestowed upon each and every person in their respective bodies, and originally given according to the mandate of heaven. It is indeed my true nature.

35 본성을 따라 도를 닦으면 명덕明德이 발휘되어 나라를 다스리고 천하를 평정할 수 있을 것이요, 억조창생의 군사君師가 될 수 있을 것이요, 무량한 수명을 누리는 신선이 될 수 있을 것이니라." 하니라.

35 If aspirants practice spiritual austerities in harmony with their own true nature, the bright virtue manifests itself. Then, they can govern the state, rule the world, become the king and teacher of innumerable people, and attain to the immortal being of infinite longevity.

»wondrous 경이로운
»noble 고결한
»corpus (문서·법전 등의) 집성(集成)
»corpora 전집(corpus의 복수)
»innately 천부적으로
»bestow 부여하다
»respective 각각의
»mandate 명령
»austerity 금욕행위
»manifest 드러내 보이다
»innumerable 무수한

하 자 천 명 지 덕 품 부 위 인 지 초
36 **何者**오 **天命之德**이 **禀賦爲人之初**에
두 화 천 상 삼 청 진 궁 지 기 복 수 지 하 산 림 천 택 지 형
頭化天上三清眞宮之氣[28]하고 **腹受地下山林川澤之形**하고
흉 회 일 월 성 신 풍 운 우 뢰 음 양 조 화 지 부
胸懷日月星辰風雲雨雷陰陽造化之府하니
소 이 오 신 유 천 존 제 군 구 령 삼 정 오 신 진 군
37 **所以**로 **吾身**에 **有天尊帝君**[29]과 **九靈三精**[30]과 **五神眞君**[31]과
내 외 장 군 좌 우 궁 속 제 부 공 조 급 팔 만 사 천 원 군
內外將軍과 **左右宮屬**과 **諸府工曹及八萬四千元君**[32]이

初초 : 처음	腹복 : 배	胸흉 : 가슴	將장 : 장수	諸제 : 모두
眞진 : 참, 진실	澤택 : 못	辰신 : 별	屬속 : 무리	及급 : ~와

36 무엇 때문인가?

천명天命의 덕德을 받아서 사람이 되는 처음에

머리는 하늘의 삼청진궁三淸眞宮의 기운이 화化한 것이요

배는 땅의 산림山林과 내와 못의 형상을 받은 것이요

가슴은 일월성신과 풍운우뢰와 음양조화의 집을 품은 것이니

36 Why? As the virtue of heavenly mandate is bestowed upon the process of the formation of human embryo, initially, the head is the manifestation of the Three Clarities True Palace's energy from heaven. The abdomen is that which receives the configuration of earthly mountains, woods, brooks, ponds. The chest is that which embraces the house of yin-yang's creation-transformation, namely, sun, moon, stars as well as wind, cloud, rain, thunder.

37 이러한 까닭에, 내 몸에 천존제군天尊帝君과 구령삼정九靈三精과 오신진군五神眞君과 내외장군內外將軍과 좌우궁속左右宮屬과 제부공조諸府工曹와 팔만사천 원군元君이 각기 부분에 의지해 있나니

37 Therefore, in my body, Supreme Lords and Imperial Sovereigns; Nine Spirits and Three Essences; Five Gods and True Sovereigns; Inner and Outer Generals; Left and Right Palatial Subordinates; Various Bureaus and Ministry of Works; Eighty Four Thousand Primordial Sovereigns de-

»longevity 장수	»initially 처음에	»abdomen 복부	»embrace 포괄하다
»bestow 부여하다	»manifestation 발현	»configuration 형상	»supreme 최고의
»embryo 배아	»clarity 청명	»brook 개천	»imperial 황실의

각의부분　　시내영보도국야
各依部分하니 是乃靈寶道局也라

수이명지자　위선위성　　실이방지자　위우위준
38 修而明之者는 爲仙爲聖이오 失而放之者는 爲愚爲蠢이라

욕수이명지자　비대원이하
欲修而明之者는 非大願而何오

차인인　각유차국　하인득지　하인부득
39 且人人이 各有此局호대 何人得之며 何人不得고 하야

대분출언　차만리구어아　만법　비어차
大忿出焉에 且萬理具於我하고 萬法이 備於此하니

局국 : 방, 판　聖성 : 성인　愚우 : 어리석다　焉언 : 어찌, ~도다
仙선 : 신선　放방 : 놓다　蠢준 : 꿈틀거리다, 어리석다　忿분 : 성내다　理리 : 이치

이것이 바로 영보도국靈寶道局이니라.

pend upon each part of the body. This is indeed the Spiritual Treasure Dao Corpus.

38 영보국을 닦아서 밝힌 자는 신선과 성인이 되고

잃어버리고 방치한 자는 어리석은 자와 굼뜬 자가 되니

영보국을 닦아서 밝히고자 하는 것이 큰 소원이 아니고 무엇이리오.

38 Those who cultivate and brighten the Spiritual Treasure Corpus, shall become immortal beings and saints, and those who lose and miss it, shall become imbeciles and idiots. How could it be not great vow that aspirants desire to cultivate and brighten the Spiritual Treasure Corpus?

39 사람마다 각각 영보국이 있는데, 누구는 얻고 누구는 얻지 못하는가 하여 대분심大忿心이 나오고

또 모든 이치가 나에게 갖추어져 있고 만법이 이에 구비되어 있으니

39 Also, "Each and every person has the Spiritual Treasure Corpus, but someone realizes it, someone not." Thus arises the great indignation. "All the principles have been bestowed upon me, all the laws are immanent in this. There is only One. Then, how could many gates exist in the

»sovereign 군주　»bureau 부서[국]　»corpus 집성　»treasure 보물
»palatial 궁궐의　»ministry (정부의 각) 부처　»cultivate 수양하다　»corpus 집성
»subordinate 부하　»primordial 태고의　»brighten 밝히다　»immortal 불멸의

유일이이 도하중문 유일리이이 법하다지
惟一而已어늘 **道何衆門**이며 **惟一理而已**어늘 **法何多支**며

유일리이이 인하타구
惟一理而已어늘 **人何他求**며

유일리이이 아하부의
惟一理而已어늘 **我何復疑**오 하야

사즉의무 망즉의유 의거의래 의무소의
40 **思則疑無**하고 **望則疑有**하야 **疑去疑來**에 **疑無所疑**니

공연하의
空然何疑리오 하고

備비 : 갖추다
惟유 : 오직
衆중 : 무리
支지 : 지탱하다, 가지
復부 : 다시
疑의 : 의심하다
空공 : 비다, 헛되다

오직 하나뿐이거늘 도道에 어찌 많은 문門이 있으며, 오직 한 이치뿐이거늘 법에 어찌 많은 갈래가 있으며

오직 한 이치뿐이거늘 사람이 어찌 다른 것을 구하며, 오직 한 이치뿐이거늘 내가 어찌 다시 의심하리오 하여

Way. There is only one principle, then how could many parts exist in the law. How should I look to others, and how should I be in doubt again?"

40 생각하면 의심이 없다가 바라보면 의심이 있어서

의심[疑]이 오고감에 의심할 바가 없는 것을 의심하니

공연히 무엇을 의심하리오 하고

40 "Thinking it, doubt disappear; seeing it, doubt appear. With the doubts coming and going, I doubt that which is not to be doubted. Then, how should I doubt in vain?"

»saint 성인(聖人)
»miss 놓치다
»imbecile 얼간이
»idiot 멍청이
»aspirant 열망자
»vow 맹세
»indignation 분노
»bestow(upon) 부여하다
»immanent 내재하는
»doubt 의심, 의심하다
»in vain 헛되이

홀 연 연 심　　시 내 진 의
41 **忽然煉心**하니 **是乃眞疑**로다

진 의 지 하　만 의 정 적　불 분 주 야　여 몽 약 진
眞疑之下에 **萬疑靜寂**하야 **不分晝夜**하고 **如夢若眞**하야

공 적 천 지　유 일 의 이 이　차 비 대 의 이 하
空寂天地에 **唯一疑而已**라 **此非大疑而何**오

개 의 자 지 공　최 난 득 지
42 **盖疑字之工**이 **最難得知**라

약 비 대 신 심　진 의 불 생
若非大信心이면 **眞疑不生**이라

忽홀 : 갑자기, 문득　煉련 : 달구다, 단련하다　寂적 : 고요하다　晝주 : 낮　夢몽 : 꿈

41 홀연히 마음을 단련시키니 이것이 바로 참 의심이로다.

참 의심 아래에서 만 가지 의심이 아주 고요해져, 밤낮을 가리지 않고 꿈인 듯 참인 듯하여 텅 비고 적막한 천지에 오직 한 의심뿐이라

이것이 바로 큰 의심이 아니고 무엇인가.

41 Suddenly I come to discipline my mind, and this is indeed true doubt. Under the true doubt emerging, all the doubts quiet down, with day and night not discriminated, reality and dream not distinguished. In the whole universe of complete voidness and serenity, only one doubt arises. Is this not great doubt?

42 대개 '의심 의疑' 자 공부가 가장 알기 어려운지라, 만약 큰 신심[大信心]을 가지지 않으면 참 의심도 생겨나지 않느니라.

42 Principally, the practice of the word 'doubt' is most difficult to master. Unless one attains the mind of great faith, true doubt does not arise.

»discipline 단련하다　»quiet down 조용해지다　»reality 현실　»serenity 고요함
»indeed 참으로　»discriminate 구별하다　»distinguish 구별하다　»arise 생기다
»emerge 드러나다　»voidness 텅 빔　»voidness 텅 빔　»principally 주로

고 선요 왈 신유십분 의유십분
故로 **禪要**에 **曰 信有十分**이면 **疑有十分**하고
의득십분 오득십분 지차위야
疑得十分이면 **悟得十分**이라 하니 **指此謂也**로다
신가신의 성가성의 이신정정 이신분의
43 **信可信矣**며 **誠可誠矣**니 **以信定靜**하고 **以信憤疑**하니
비대신 성하구장
非大信이면 **誠何久長**이리오

難난 : 어렵다 謂위 : 이르다 憤분 : 분하다, 성내다 何하 : 어찌 久구 : 오래다 長장 : 길다

그러므로 『선요禪要』에 이르기를 "믿음[信]이 십분十分이면 의심[疑]이 십분이고, 의심이 십분이면 깨달음[悟]이 십분이라."라고 하였으니

Therefore, scripture *Chanyao*(*Essence of Zen*), indicating this, says, "If faith reaches maturity, doubt reaches maturity, and if doubt reaches maturity, knowing reaches maturity."

43 믿음[信]은 믿음직스러워야 하고 정성[誠]은 정성스러워야 하니, 믿음으로 정정定靜을 이루고 믿음으로 분심과 의심을 일으키니, 큰 믿음[大信]이 없으면 정성[誠]이 어찌 변하지 않고 오래가겠는가?

43 Faith should be the faith, sincerity should be the sincerity. Through faith, Jeongjeong is attained, and through faith, indignation and doubt is achieved. Then, without faith, how could sincerity endure permanently?

»master 통달하다
»unless ~하지 않는한
»faith 믿음
»essence 정수
»zen (불교의) 선禪
»indicate 나타내다
»maturity 성숙
»sincerity 정성
»attain 이루다
»indignation 분노
»endure 지속되다
»permanently 영원히

44 一定不變(일정불변)하야 始終如一(시종여일)이 是謂誠也(시위성야)라

故(고)로 玉經(옥경)[33]에 云(운) 以誠而入(이성이입)하며 以默而守則(이묵이수즉) 物我俱忘(물아구망)하고

慧光乃生(혜광내생)하야 聖知自全(성지자전)이라 하고

45 且陰符寶經(차음부보경)은

全指此靈寶始終而發也(전지차영보시종이발야)라

變변 : 변하다
終종 : 마치다
默묵 : 잠잠하다
俱구 : 함께
忘망 : 잊다
慧혜 : 슬기롭다, 슬기
陰음 : 어둠, 그늘
符부 : 부호, 부적

44 한 번 정定해서 변하지 않고 처음과 끝이 한결같은 것을 일러 정성[誠]이라 하느니라.

그러므로 『옥추경』에 이르기를 "정성[誠]으로써 들어가고 침묵으로써 지키면, 외물과 나를 함께 잊어버리고, 지혜의 광명[慧光]이 생겨 성인의 지혜[聖智]가 저절로 온전하게 된다."라고 하였고

44 That which, once determined, stays unvarying from the beginning to the end is called sincerity. Therefore, scripture

Yushujing(*Scripture on the Jade Pivot*) says, "Enter the Way through sincerity, and protect it through silence, then, being oblivious of yourself and the outside world, the light of wisdom shall arise, and the holy knowing shall come to a completion on its own.

45 또 『음부경』은 모두 이 영보靈寶의 처음과 끝을 가리켜 밝힌 것이라.

45 Also, scripture *Yinfujing*(*Scripture of the Hidden Agreement*) indicates the beginning and the end of the Spiritual Treasure, with the illumination of it.

»determine 결심하다
»unvarying 불변의
»sincerity 정성
»scripture 경전
»jade 옥
»pivot 중심축
»oblivious 의식하지 못하는
»completion 완성
»on its own 저절로
»agreement 일치
»indicate 나타내다
»illumination 불빛

고 연 차 영 보 자 이 음 부 위 정 정 지 원 경
46 **故로 煉此靈寶者는 以陰符로 爲定靜之元經하야**

외 이 송 념 내 이 정 정
外以誦念하고 內以定靜하니

영 보 시 종 진 재 어 음 부 삼 편
靈寶始終이 盡載於陰符三篇이니라

고 고 법 전 어 영 보 야 본 무 문 자 구 결
故로 古法이 傳於靈寶也나 本無文字口訣하고

단 수 여 음 부 이 이 시 고 영 보 진 도 지 자 선 의
但授與陰符而已라 是故로 靈寶眞道를 知者鮮矣로다

誦송 : 외우다 載재 : 싣다 訣결 : 헤어지다, 비결 與여 : 주다
盡진 : 다하다 篇편 : 책 授수 : 주다 鮮선 : 드물다, 곱다

46 그러므로 이 영보靈寶를 수련하는 자는 『음부경』을 정정定靜을 이루는 으뜸 경전[元經]으로 삼아서

밖으로 『음부경』을 외워 읽고 안으로 정정定靜에 이르나니, 영보의 처음과 끝이 『음부경』 세 편에 다 실려 있느니라.

그러므로 옛 법이 영보로 전하여 왔으나 본래 문자나 구결口訣로 된 것이 없고 단지 음부陰符로 전해 왔을 뿐이라.

이런 까닭에 영보의 참 도를 아는 자가 드무니라.

46 Therefore, those who practice the Spiritual Treasure are to regard the *Yinfujing* as a primordial scripture, reciting mantras outwardly, attaining Jeongjeong inwardly. The beginning and the end of the Spiritual Treasure had been all recorded in the three parts of scripture *Yinfujing*. Although ancient dharma had been transmitted by way of the Spiritual Treasure, originally there were neither letters nor oral teachings but for the transmission through the secret language of symbols, Yinfu.

»regard (as) ~로 여기다 »mantra 주문 »dharma 진리[법] »neither (nor)~도~도 아닌
»primordial 태초의 »outwardly 밖을 향하여 »transmit 전하다 »oral 구술의
»recite 낭독하다 »inwardly 안을 향하여 »originally 원래 »transmission 전달

47 今旣有文字(금기유문자)하고 且記假令(차기가령)하니 豈不彰明耶(기불창명야)아
更加先賢修煉指導之文字(갱가선현수련지도지문자)하야 以開來學之道心(이개내학지도심)하노니
亦可爲修工之一助(역가위수공지일조)라 洗心盥讀焉(세심관독언)하라

5. 성현聖賢이 영보를 닦기를 권하나니

48 昔(석)에 西峰道士(서봉도사)[34]가 謂其學徒曰(위기학도왈) 天下(천하)에 有一無主室舍(유일무주실사)하니

假가 : 거짓, 임시　彰창 : 드러내다, 밝다　洗세 : 씻다　讀독 : 읽다　峰봉 : 봉우리
豈기 : 어찌　導도 : 이끌다　盥관 : 대야, 씻다　昔석 : 옛, 옛날　徒도 : 무리, 헛되이

47 지금은 이미 문자가 있고 또 대략적인 핵심[假令]을 기록하니, 어찌 밝게 드러나지 않겠는가.

게다가 선현先賢이 수련을 지도하던 문자를 덧붙여 놓아 후학의 도심道心을 여니, 또한 수련 공부하는 데 일조一助가 되리라.

마음을 깨끗이 하고 읽으라.

47 Now the letters are available and the provisional guidelines are put on record, then how could it not be clearly revealed? The sages of the past have appended the letters of instructional practice guide, therewith, opened the dao's mind of coming aspirants, which shall be of help in their spiritual practices. Read them with purified mind and body.

5. 성현聖賢이 영보를 닦기를 권하나니

5. The saints and sages recommend aspirants to cultivate the Spiritual Treasure

48 옛적에 서봉 도사가 제자들에게 일러 말하기를 "천하에 주인 없는 집이 하나 있으니 이것이 곧 영보도궁이라.

48 A long time ago, Master Xifeng said to his disciples, "In the world, there is a house without a host, which is indeed the Spiritual Treasure Dao Palace. Within itself, it retains the whole world's

»available 구할 수 있는　»sage 현자　»aspirant 열망자　»master 스승
»provisional 임시의　»append 첨부하다　»purify 정화하다　»disciple 제자
»reveal 드러내다　»instructional 교육용의　»recommend 권하다　»host (손님을 초대한)주인

시 내 영 보 도 궁 야
是乃靈寶道宮也라

기 중　　저 천 하 무 궁 지 묘　　적 천 하 무 궁 지 보
其中에 **儲天下無窮之妙**하고 **積天下無窮之寶**하고

장 천 하 무 궁 지 재　　통 개 팔 만 사 천 문 로
藏天下無窮之財하고 **通開八萬四千門路**하야

위 요 장 원　　사 욕 자 탐 자 나 자 우 자 불 신 자
圍繞墻垣하야 **使慾者貪者懶者愚者不信者**로

각 수 제 문 로
各守諸門路하라 하고

儲저 : 쌓다	積적 : 쌓다	繞요 : 두르다, 둘러싸다	貪탐 : 탐내다	愚우 : 어리석다
窮궁 : 다하다, 궁하다	圍위 : 에워싸다	垣원 : 담	懶나 : 게으르다	門路문로: 문門과 길路

그 가운데 천하의 무궁한 오묘奧妙함을 간직하고, 천하의 무궁한 보배를 쌓고

천하의 무궁한 재물을 저장하고, 팔만사천 문로門路를 통하게 열어 놓고

담을 둘러쌓아 욕심 가진 자, 탐내는 자, 게으른 자, 어리석은 자, 믿지 아니하는 자로 하여금 각기 모든 문로를 지키도록 하라." 하고

everlasting dharma, accumulates the whole world's everlasting treasure, conceals the whole world's everlasting wealth. Encircled with surrounding walls, it lets eighty-four thousand gateways opened and lets desirers, coveters, idlers, fools, unbelievers guard each gateway respectively.

»retain 보유하다
»everlasting 영원히 변치 않는
»dharma 진리[법]
»accumulate 축적하다
»conceal 감추다
»encircle 둘러싸다
»surrounding 둘러싸는
»coveter 몹시 탐내는 사람
»idler 게으름뱅이
»unbeliever 불신자
»guard 지키다
»respectively 각각

우 명 왈 약 탐 욕 나 우 불 신 자 내 도 이 등 각 수 방 어
49 **又命曰 若貪慾懶愚不信者來到**어든 **爾等**은 **各守防禦**하고

수 모 인 성 신 전 일 자 내 도 개 문 납 지
雖某人이라도 **誠信專一者來到**어든 **開門納之**하야

이 위 공 사 지 주 용 무 궁 지 재 보 운
以爲空舍之主하야 **用無窮之財寶**케 하라 **云**호대

세 인 문 차 설
50 **世人**이 **聞此說**하고

개 앙 소 공 기 불 취 왈 여 허 재 보 아 하 감 취
皆仰笑空棄不取曰 如許財寶를 **我何敢取**리오

爾이 : 너	禦어 : 막다	專전 : 오로지	仰앙 : 우러러보다	敢감 : 감히
防방 : 막다	雖수 : 누구	納납 : 들이다	棄기 : 버리다	

49 또 명하기를 "만약 탐내는 자, 욕심 가진 자, 게으른 자, 어리석은 자, 믿지 아니하는 자가 오거든 너희들이 각기 막아 지키고

비록 그 누구라도 정성과 믿음이 한결같은 사람이 찾아오거든 문을 열어 받아들이고

빈집의 주인으로 삼아 무궁한 재물과 보배를 쓰게 하라."라고 하였더니

49 Also, he ordered, "if coveters, desirers, idlers, fools, unbelievers visit it, you should protect it from them. Whoever has one mind of sincerity and faith visit it, open the door and welcome him. Let her be the host of the empty house to use the everlasting wealth and treasure.

50 세상 사람들이 이 말을 듣고 모두 앙천대소하며 쓸데없다고 여겨 버리고 취하지 않으며 말하기를

"이러한 재물과 보배를 내가 어찌 취하겠는가, 이것은 복과 인연이 있는 자라야 마땅히 취할 것이

50 Upon hearing this announcement, people of the world, all laughing loudly for its futility, do not accept it, saying, "How dare I take as much wealth and treasure as this! This is to be taken by those who are blessed and destined." They dare not go to seek it.

»coveter 몹시 탐내는 사람	»sincerity 정성	»wealth 부(富)	»futility 헛됨
»idler 게으름뱅이	»host 집주인	»treasure 보물	»dare 감히 ~하다
»unbeliever 불신자	»everlasting 영원히 변치 않는	»announcement 선언	»blessed 축복받은

차 유 복 유 연 자 지 소 당 취 지 　 감 불 왕 구
此有福有緣者之所當取之라 하고 **敢不往求**하나니

즉 석 가 전 설 　 노 자 지 로 　 공 자 권 송
51 **則釋迦傳說**하고 **老子指路**하고 **孔子勸送**하되

역 불 취 감 　 간 혹 유 왕 지 자
亦不就敢하고 **間或有往之者**라도

혹 불 신 자 　 방 이 불 수 　 탐 욕 자 　 거 이 불 납
或不信者는 **防而不受**하고 **貪慾者**는 **拒而不納**하니

기 간 　 능 입 취 자 　 천 만 인 중 유 일 이 인 야
其間에 **能入取者**는 **千萬人中唯一二人也**[35]라

緣연 : 인연, 연분 　 指지 : 손발가락, 가리키다 　 勸권 : 권하다 　 就취 : 나아가다 　 或혹 : 혹, 혹시 　 拒거 : 막다 　 納납 : 들이다 　 唯유 : 오직

라." 하고 감히 나아가 구하려 하지 않으니

51 곧 석가모니가 그 말을 전하고, 노자가 그 길을 가리키고, 공자가 나서기를 권하여 보내어도 역시 나아가 감히 취하지 않고, 간혹 그곳에 가는 자가 있을지라도 혹 불신하는 자는 가로막아 받아주지 않고, 탐욕스러운 자도 거부하여 들이지 않으니

그동안 능히 안으로 들어가 보배를 얻은 자는 천만 명 중에 오직 한두 명뿐이라.

51 Thus, although Shakyamuni delivered the words, Laozi indicated the way, Confucius recommended the initiation, people did not accept it. Occasionally, someone went to it, but denied and expelled are unbelievers, rejected and banished are coveters. All the while, the number of those who could enter and take it was one or two per ten million persons.

»destined 운명지어진
»deliver 연설하다
»indicate 가리키다
»recommend 권하다
»initiation 시작
»occasionally 가끔
»deny 부정하다
»expel 내쫓다
»reject 거부하다
»banish 추방하다
»coveter 몹시 탐내는 사람
»all the while 내내

기 여 탐 욕 양 묵 지 배 광 안 택 이 불 거
52 **其餘貪慾楊墨之輩**[36]는 **曠安宅而不居**하고
사 정 로 이 불 유 즉 도 야 인 지 재 산
捨正路而不由하야 **卽盜野人之財產**[37]하며
혹 걸 부 인 지 여 재 혹 탈 행 인 지 노 비
或乞富人之餘財하며 **或奪行人之路費**하고
혹 천 벽 혹 기 취 혹 기 한 혹 쟁 투
或穿壁或欺取하며 **或饑或爭鬪**하야
오 적 병 기 삼 도 불 식 천 하 대 란
53 **五賊併起**하고 **三盜不息**[38]하니 **天下大亂**이라

餘여 : 남다	輩배 : 무리	盜도 : 훔치다	穿천 : 뚫다	饑기 : 굶주리다
曠광 : 비다, 공허하다	捨사 : 버리다	奪탈 : 빼앗다	欺기 : 속이다	賊적 : 도둑, 해치다

52 그 나머지 탐욕스러운 양주楊朱와 묵자墨子 같은 무리는 편안한 집을 비워두어 기거하지 않고, 바른 길[正路]을 버리고 다니지 아니하여

곧 야인野人의 재산을 도둑질하고, 혹은 부자에게 푼돈을 구걸하고, 혹은 행인의 노잣돈을 빼앗고, 혹은 벽을 뚫고 들어가 도둑질하거나 혹은 속여서 취하고, 혹은 굶주리며 추위에 떨거나 투쟁을 일삼아

52 The remaining covetous Yangzhu and Mozi sects have left this house empty, do not stay there, discard the right path, not going through it, steal the assets of civilians. Someone begs pittance from the rich, someone extorts money from travellers, someone penetrates walls, someone extorts and deceives people, someone succumbs to starvation and shivering with cold, someone fights and struggles in vain.

53 오적五賊이 함께 일어나고 삼도三盜가 끊이지 않으니, 천하가 크게 어지러워지니라.

이에 법관이 형벌을 내리고 친한 벗이 비방하게 되니, 한심한 일

53 Five enemies rise together, three thieves do not come to a cease, thus the whole world is in great turmoil. The Adjudicator imposes punishment, close friends slander each other, which is indeed deplorable situation.

»covetous 탐욕스러운	»pittance 아주 적은 돈	»succumb 굴복하다	»cease 중단
»sect 종파	»extort 갈취하다	»starvation 굶주림	»turmoil 혼란
»civilian 양민	»penetrate 뚫고 들어가다	»shiver 떨다	»adjudicator 심판관

법 관 형 명 / 친 우 비 방 / 가 위 한 심 처 야

法官刑命하고 親友誹謗하니 可謂寒心處也로다

불 취 소 당 취 / 취 기 부 당 취 / 왈 아 행 / 첩 법 의

54 不取所當取하고 取其不當取하여 曰 我行이 捷法矣라

이 취 이 득 / 혹 사 혹 패 / 수 고 불 회

易取易得이라 하야 或死或敗호대 受苦不悔하고

반 견 지 리 / 우 야 나 야

反見支離[39]하니 愚耶懶耶아

부 자 소 위 / 분 토 지 장 / 하 우 불 이 자 / 시 기 도 호

55 夫子所謂 糞土之墻과 下愚不移者 是其徒乎인저

倂병 : 아우르다, 나란하다 誹비 : 헐뜯다 謗방 : 헐뜯다 捷첩 : 빠르다 悔회 : 뉘우치다 懶나 : 게으르다 糞분 : 똥 墻장 : 담 徒도 : 무리

이라 할 만하도다.

54 마땅히 취해야 할 것을 취하지 아니하고 취하지 말아야 할 것을 취하여 말하기를

"내가 행하는 것이 빠른 방법이라, 취하기 쉽고 얻기 쉽도다." 하면서 죽기도 하고 패망하기도 하되, 고통을 당하고도 후회하기는 커녕 도리어 지리멸렬支離滅裂함을 보이니, 어리석은 것인가, 게으른 것인가?

54 Not taking what should be taken, taking what should not be taken, one says, "what I do is the shortest way, easy to take, easy to acquire." Thus, some die and some perish. Notwithstanding the pain received, they do not repent. On the contrary, they keep staying indolent. Is it stupidity or idleness?

55 공자가 말한 '분토지장(썩은 흙으로 쌓은 담장)'과 '하우불이(아주 어리석은 자는 고칠 수 없음)'가 그러한 무리일 것이니라.

55 What Confucius called 'a wall of dirty earth', and what Mencius called 'the very lowest level of stupidity' are that company of people.

»slander 중상모략하다
»deplorable 개탄스러운
»perish 소멸되다
»notwithstanding ~에도 불구하고
»repent 뉘우치다
»on the contrary 그와는 반대로
»indolent 나태한
»stupidity 어리석음
»idleness 게으름
»stupidity 어리석음

6. 무궁무진한 영보靈寶의 세계

선서 왈 능개중문중일문 입취무진장보
56 禪書[40]에 曰 能開衆門中一門하야 入取無盡藏寶하야
용지불갈 취지무금야자 차보비외래지물
用之不渴하고 取之無禁也者는 此寶非外來之物이라
시실내생생무궁지물 능승당자 성야
是室內生生無窮之物이니 能昇堂者는 誠也요
능개문자 의야 능주물자 신야 의불취타인재보
能開門者는 疑也요 能主物者는 信也요 義不取他人財寶하고

衆중 : 무리
盡진 : 다하다
藏장 : 감추다, 숨다
渴갈 : 목마르다, 물이 잦다
禁금 : 금하다
窮궁 : 궁구하다, 다하다
昇승 : 오르다

6. 무궁무진한 영보靈寶의 세계

56 선서禪書에 이르기를 "여러 문門 가운데 한 문을 열고 들어가 무진장한 보배를 취하여, 써도 마르지 아니하고 취하여도 가로막는 자가 없는 것은

이 보배가 밖에서 들어오는 물건이 아니라 집 안에서 무궁하게 생기고 또 생기는 물건이기 때문이니, 마루에 오를 수 있게 하는 것은 정성[誠]이요, 문을 열 수 있게 하는 것은 의심[疑]이요, 보배의 주인이 되게 하는 것은 믿음[信]이요, 의로움으로 남의 재물과 보배를 취하지 아니하고, 마땅히 취해야 할 물건을 취하는 것은 바로 분

6. The Spiritual Treasure and its infinite world

56 A scripture of Zen says, "One opens and enters through one of many doors, take infinite treasures, use them without limitation, take them without restriction. This treasure is not that which originated from the outside, but that which originates, infinitely, from the inside. That which let aspirants ascend the floor is sincerity, that which let aspirants open the door is doubt, that which let aspirants possess the treasure is faith. That which let aspirants not take others' wealth and treasure, and take what should be taken is indignation."

»spiritual 영적인
»treasure 보물
»infinite 무한한
»limitation 한계
»restriction 제한
»originate 비롯하다
»aspirant 열망자
»ascend 오르다
»sincerity 정성
»doubt 의심
»faith 믿음
»possess 지니다

즉 취 당 취 지 물 자 　 분 야
卽取當取之物者는 **忿也**니

약 무 분 의 신 삼 자 　 즉 반 환 장 외
57 **若無忿疑信三字**면 **則盤桓墻外**하고

두 류 첨 단 　 만 연 세 월 　 공 비 기 력 　 태 식 이 퇴 귀
逗留檐端하야 **漫然歲月**하고 **空費氣力**하다가 **太息而退歸**하야

내 위 행 걸 지 인
乃爲行乞之人하니

忿분 : 성내다	桓환 : 머뭇거리다	留류 : 머무르다	端단 : 끝	漫然만연: 목적 없이
盤반 : 소반, 어정거리다	逗두 : 머무르다	檐첨 : 처마	漫만 : 질펀하다	되는대로 하는 모양

심[忿]이니라."라고 하니라.

57 만약 분심[忿]과 의심[疑]과 믿음[信]이라는 석 자가 없으면, 곧 담장 밖에서 서성이고, 처마 끝에 머무르면서 세월을 보내고, 기력을 헛되이 낭비하다가

한숨을 쉬면서 되돌아와 빌어먹는 사람이 되고 마는 것이라.

57 If aspirants do not possess the trio virtue of indignation, doubt and faith, then they would hesitate outside the wall, tarry under the eaves of the house, waste time and energy in vain, finally step out of the house with deep sigh, being reduced to begging in the end.

»indignation 분노	»hesitate 망설이다	»waste 낭비하다	»sigh 한숨
»trio 3개 한 조	»tarry 지체하다	»in vain 헛되이	»reduced 몰락한
»virtue (미)덕	»eave 처마	»step 발걸음을 떼다	»begging 구걸

고 비지왈 석중장옥 비철정 난탁 비여석

58 故로 譬之曰 石中藏玉은 非鐵釘이면 難琢이요 非礪石이면

불마 우왈 불입호혈 언득호자

不磨라 하고 又曰 不入虎穴이면 焉得虎子리오 하니

철정 신야 여석 의야 입호혈 분야

鐵釘은 信也요 礪石은 疑也요 入虎穴은 忿也니

욕탁마득호자자 발대분

59 欲琢磨得虎子者는 發大忿하야

용용금강이도 선할세연일루

勇用金剛利刀로 先割世緣一縷하고

鐵철 : 쇠	難난 : 어렵다	礪려 : 숫돌	焉언 : 어찌	剛강 : 굳세다
釘정 : 못	琢탁 : 쪼다	磨마 : 갈다	勇용 : 날래다	割할 : 베다

58 그러므로 비유하여 말하기를, 돌 속에 감춰진 옥[玉]은 쇠못이 아니면 쪼기 어렵고, 숫돌이 아니면 갈지 못하는 것이라 하고

또 호랑이 굴에 들어가지 않으면 어찌 호랑이 새끼를 얻겠는가라고 하였나니

쇠못은 믿음[信]이요, 숫돌은 의심[疑]이요, 호랑이 굴에 들어가는 것은 분심[忿]이니

58 Therefore, it is allegorically said, "The jade hidden in the stone is difficult to be carved without a steel nail, and does not grind without a whetstone." And it is also said, "Without entering the tiger's den, how can one catch a tiger's cub." The steel nail is faith, the whetstone is doubt, and to enter the tiger's den is indignation.

59 옥玉을 쪼고 갈고 호랑이 새끼를 얻고자 하면

큰 분심을 발하여 날카로운 금강 보도로 먼저 용맹하게 한낱 실오라기 같은 세상 인연을 베어 버리고

59 If you desire to carve jade and catch a tiger's cub, you should generate great indignation and courage. Using the sharp sword of diamond, first cut off a piece of thread of earthly connection. Based on great doubt, kill monkey's fretfulness and horse's rampage lodged in your own mind.

»allegorically 우화적으로	»whetstone 숫돌	»indignation 분노	»indignation 분노
»carve 조각하다	»den (야생동물의) 굴	»jade 옥	»fretful 안달하는
»grind 갈다	»cub 새끼	»generate 발생시키다	»rampage 광란

인 대 의 　 즉 살 심 원 의 마 지 분 치
因大疑하야 **卽殺心猿意馬之奔馳**하고

회 대 신 　 능 입 차 문 연 후 　 철 주 중 심 　 석 벽 외 면
懷大信하야 **能入此門然後**에 **鐵柱中心**이요 **石壁外面**이라

천 만 사 설 　 갱 불 묘 어 차 설
60 **千萬師說**도 **更不妙於此說**하고

묘 도 현 리 　 차 무 가 어 차 도
妙道玄理도 **且無加於此道**라

목 무 소 호 견 　 이 무 소 희 문 　 묘 무 차 묘
目無所好見하고 **耳無所喜聞**하고 **妙無此妙**하며

縷루 : 실, 실마리　猿원 : 원숭이　奔분 : 달리다, 달아나다　馳치 : 달리다　柱주 : 기둥　壁벽 : 벽　妙묘 : 묘하다　玄현 : 검다, 오묘하다　喜희 : 기쁘다

큰 의심으로 원숭이처럼 초조한 마음과 말처럼 내달리는 뜻을 죽여 버리고

큰 믿음을 품어 능히 이 문을 열고 들어간 뒤에

마음속에 쇠기둥을 세우고 밖에 석벽石壁을 쳐야 할지라.

Embracing great faith, and entering through this door, you attain iron pillar in the center and stone wall on the outside.

60 천만 마디 스승의 가르침도 이 말보다 더 묘하지 않고

오묘한 도와 심오한 이치도 이 도道에 더할 것이 없어라.

눈에는 좋게 보이는 것이 없고, 귀에는 기쁘게 들리는 것이 없고,

오묘하기로는 이처럼 오묘한 것이 없고, 보배로는 이 같은 보배가 없게 되니

60 Innumerable words of teachers are less wondrous than this words. Wondrous laws and profound principles have nothing to add upon this Dao. There is nothing more pleasant to the eyes, nothing more delightful to the ears, nothing more wondrous than this wonder, nothing more treasurable than this treasure. As aspirants attain total concentration and ultimate serenity, Jeongjeong, the minds expand vast and there are not any hin-

»lodge 박혀있게 하다
»pillar 기둥
»innumerable 무수한
»wondrous 경이로운
»treasurable 귀중한
»aspirant 열망자
»concentration 집중
»serenity 평온
»expand 확장되다
»hindrance 방해
»thread 실

보 무 차 보 즉 일 심 정 정 탕 탕 연 활 활 연 언
寶無此寶則 一心이 **定靜**하야 **蕩蕩然豁豁然焉**하야
무 사 호 섬 진 지 애 체 즉 약 인 초 생 무 이
無絲毫纖塵之礙滯면 **則若人初生無異**라
끽 다 부 지 다 끽 반 부 지 반 행 부 지 행
61 **喫茶不知茶**하며 **喫飯不知飯**하며 **行不知行**하며
좌 부 지 좌 정 식 돈 정 계 교 도 망
坐不知坐하야 **情識頓淨**[41]하고 **計較都忘**하니
흡 사 유 기 저 사 인 차 이 소 인 상 사
恰似有氣底死人이오 **且泥塑人相似**하니라

蕩탕 : 크다, 평탄하다 毫호 : 터럭, 가는 털 滯체 : 막히다 頓돈 : 조아리다, 갑자기 恰흡 : 흡사하다
豁활 : 열리다, 통하다 礙애 : 거리끼다 喫끽 : 마시다, 먹다 較교 : 견주다, 비교하다 底저 : 밑, 적的

한마음이 정정定靜에 이르러서 마음이 아주 넓어지고 탁 트여 가느다란 실이나 티끌만큼의 걸림도 없게 되면

마치 사람이 갓 태어났을 때와 다름이 없느니라.

drances in the slightest, not even a piece of thread or a dust. It is like when a baby has been newly born.

61 차茶를 마셔도 차 맛을 모르고, 밥을 먹어도 밥맛을 모르고, 길을 걸어도 걷는 줄 모르고, 앉아 있어도 앉은 줄 모르니, 정情과 식識이 단박에 깨끗해지고, 계산하고 비교하는 마음을 모두 잊어버려, 마치 숨만 붙어 있는 죽은 사람과 같고, 진흙으로 빚은 사람[塑像]과 비슷해지니라.

61 Aspirant drinks tea, not knowing drinking tea; eats foods, not knowing eating foods; walks, not knowing walking; sits, not knowing sitting. Thought and emotion become purified all at once, and the mental function of measurement all sinks into oblivion. He/she appears similar to an enervated dead person, and a statue in clay.

»aspirant 열망자 »all at once 한꺼번에 »measurement 측량 »enervated 무기력한
»emotion 감정 »mental 정신의 »sink 가라앉다 »statue 조각상
»purify 정화하다 »function 기능 »oblivion 망각 »clay 진흙

62 驀然(맥연)에 脚蹉手跌(각차수질)하고 心華頓發(심화돈발)[42]에 洞照十方(통조시방)하야
如杲日麗天(여고일여천)하고 明鏡當臺(명경당대)라
不越一念(불월일념)하고 頓成正覺(돈성정각)하면 禪家之佛(선가지불)이요
靈寶之聖(영보지성)이요 仙家之丹(선가지단)이라

泥니 : 진흙 塑소 : 토우土偶흙으로 만든 사람이나 동물의 상 驀맥 : 말을 타다, 갑자기 蹉차 : 미끄러지다 跌질 : 넘어지다 頓돈: 갑자기 杲고: 높다, 밝다 臺대 : 받침대

62 일순간 팔다리가 미끄러지고 마음 꽃[心華]이 단박에 피어남에 시방세계를 환히 비추어, 마치 밝은 태양이 하늘에 걸려 있고 맑은 거울이 경대鏡臺에 놓인 것 같아서, 한 생각[一念]도 벗어나지 않고 바른 깨달음을 이루면, 이것이 곧 선종禪宗의 부처[佛]요, 영보靈寶의 성聖이며, 선가仙家의 단丹이니라.

62 Instantly hands and feet slip away, and immediately the flower of mind blooms, shining forth in all directions. As if bright sun was hanging in the sky, as if clear mirror was put on the stand, not missing a thought, aspirants attain perfect enlightenment in an instant. This is a Buddha of Zen masters, a saint of the Spiritual Treasure, and an elixir of Daoist masters.

»instantly 즉시
»slip away 사라지다
»immediately 즉시
»bloom 꽃이 피다
»shine 빛나다
»direction 방향
»enlightenment 깨달음
»instant 순간
»zen (불교의) 선禪
»master 스승
»saint 성인(聖人)
»elixir 영약

7. 날을 정하고 기필코 성공하여야 할지니

연 약신분의지성 미극
63 **然**이나 **若信忿疑之誠**이 **未極**하면
팔만사천마병 점재육근문두 수기유심
八萬四千魔兵이 **覘在六根門頭**[43]라가 **隨機誘心**하고
백방작화 사면화두 노록심신
百方作化하야 **四面華頭**에 **勞碌心神**하나니
즉념성호 요취무심 갱가정력
64 **卽念聖號**하고 **要取無心**하야 **更加精力**하고

疑의 : 의심하다 覘점 : 엿보다 機기 : 틀, 기회 碌록 : 용렬하다 용렬하게 함
魔마 : 악마 隨수 : 따르다 誘유 : 꾀다, 달래다 勞碌노록: 피곤하고 號호: 부르짖다, 부르다

7. 날을 정하고 기필코 성공하여야 할지니

7. Setting a time limit and achieving success without fail

63 그러나 만약 믿음[信]과 분심[忿]과 의심[疑]의 정성이 지극하지 못하면

팔만사천 마병魔兵이 육근六根의 문 위에서 엿보다가, 기회를 잡아 마음을 유혹하고 백방으로 변화를 지어 내니

사면四面에 펼쳐진 화려함이 심신을 괴롭히고 용렬庸劣하게 하느니라.

63 Howsoever, as long as faith, indignation and doubt do not fully mature to the highest degree, eighty-four-thousand devil's troopers, spying on the aspirant's mind through the threshold of six gateways, seize opportunities to seduce them into forgetfulness. Through the ensnaring feats of magic and glittering webs of illusion in myriad ways, the tempters torment and disturb minds and spirits.

64 곧바로 '태을구고천존' 육자六字 성호聖號를 염송하고 무심無心을 취하여 더욱 정력을 쏟고

64 Therefore, reciting holy mantra, you should maintain detached mindfulness, and further endeavor to achieve the goal within a fixed time

»without fail 반드시 »aspirant 큰 뜻을 품은 사람 »seduce 유혹하다 »glittering 반짝거리는
»indignation 분노 »threshold 문지방 »ensnaring 함정에 빠뜨리는 »illusion 환상
»trooper 기병 »seize 붙잡다 »feat (뛰어난) 솜씨 »tempter 유혹하는 사람

극 일 취 공 이 사 오 일 신 여 추 천 척 정 저 상 사
剋日就工而使吾一身으로 **如墜千尺井底相似**하야

종 조 지 모 종 모 지 조 천 사 상 만 사 량
從朝至暮하고 **從暮至朝**하야 **千思想萬思量**이

단 단 지 시 구 출 지 심 구 경 결 무 이 념
單單只是求出之心이요 **究竟決無二念**하나니

성 능 여 시 시 공 극 일 가 기 의
誠能如是施工이면 **剋日**을 **可期矣**라

차 단 즉 유 상 화 허 화 강 건 지 인 소 취 자 야
此段은 **卽有相火虛火强健之人所取者也**[44]요

剋극 : 이기다, 정하다	暮모 : 저물다	單단 : 오직	究竟구경: 궁극, 필경	期기 : 바라다,
墜추 : 떨어지다	量량 : 헤아리다	只지 : 다만	施시 : 베풀다	기약하다

기일을 정하고 공부를 하면서 내 한 몸을 마치 천 길 우물 밑바닥에 빠진 것같이 하여

아침부터 저녁까지 저녁부터 아침까지, 천 가지 만 가지 생각하고 헤아리는 것이

오로지 (우물에서) 나가려고 하는 마음뿐이요 끝까지 결코 두 생각이 없어야 하나니

진실로 이와 같이 공부한다면 약정한 날을 기약할 수 있으리라.

이러한 방법은, 사람에게는 상화相火와 허화虛火가 있기 때문에 강건한 사람이라야 취할 수 있는 것이요

limit. Suppose that your own body were fallen into a thousand foot deep well, then you would, from morning to evening and from evening to morning, think thousands and tens of thousands of thoughts single-mindedly to find the way to extricate yourself from it, so that the dichotomy of the mind disappear. Thus, if you are truly dedicated with one mind, then you shall reach your goal in a set period of time. This process is supposed to be taken by those who are strong at both the vassal-fire and the deficiency-fire.

»torment 괴롭히다
»disturb 어지럽히다
»recite 낭독하다
»detachment 분리
»endeavor 노력하다
»fixed 고정된
»single-mindedly 한마음으로
»extricate 해방시키다
»dichotomy 이분
»dedicated 전념하는
»vassal 신하
»deficiency 결핍

65 又曰 柔溫氣弱之人은 以自身으로 得當死之罪하야
深囚獄中하야 剋日斬殺次로 四面守直이러니
忽遇獄卒醉倒하고 時夜寂廖라

66 乃扣枷打鎖하고 越獄脫身하야 不分東西하고
卽逃出境之際에 毒龍猛獸도 一無惧心이오

囚수 : 가두다, 갇히다 廖료: 쓸쓸하다, 공허하다 扣구 : 빼다 鎖쇄 : 쇠사슬 惧구 : 두려워하다
遇우 : 만나다 枷가 : 칼 逃도 : 달아나다 當前당전 : 당면, 목전

65 또 이르기를, 온유하고 기운이 약한 사람은, 자신이 죽을죄를 지어 깊은 감옥 속에 갇혀 있는데

날을 정하여 목이 베여 죽을 차에 (옥졸이) 사면을 엄중히 지키더니

돌연 옥졸이 술에 취해 쓰러지고 때는 마침 고요한 한밤중이라

65 Also, it is said that one who is mild and weak in qi-energy is compared to a person, who, after committing an unforgivable crime stays captive in a deep prison. The date of his capitation has been set, and the prison is tightly guarded in four directions. Then, suddenly prison guards fall down drunk. It is a quiet and serene night time.

66 이에 칼을 벗고 쇠사슬을 풀고 감옥을 넘어 도망함에 동서東西를 분간하지 못하고

곧바로 경계를 넘어 달아날 즈음에 독룡과 맹수가 버티고 있어도 조금도 두려운 마음이 없고

66 Thus, freed from the pillory and chains, the person escapes from jail to liberate oneself, but can not determine the direction of east-west. Just at the time of departure from the boundary of jail, even if venom dragon and fierce beast appeared, the person is totally fearless, even if arrows and stones poured, swords and spears sparked, the person stands completely without fear.

»commit 저지르다 »captivation 체포 »liberate 해방시키다 »venom 독
»unforgivable 용서할 수 없는 »serene 고요한 »departure 떠남 »fierce 사나운
»captive 억류된 »pillory 형틀 »boundary 경계 »spear 작살

즉 향 당 전 시 석 검 극 역 무 포 외
卽向當前하면 矢石劍戟도 亦無怖畏라

몽 피 분 신 기 구 험 로 여 답 평 지 형 극 질 려
67 蒙被奔迅에 崎嶇險路를 如踏平地하고 荊棘蒺藜[45]를

시 약 초 개 차 하 고 야 영 사 타 사 불 사 차 사
視若草芥하니 此何故耶아 寧死他死언정 不死此死라

시 내 극 절 지 심 용 공 지 제 유 차 절 심 극 일 지 공
68 是乃極切之心이니 用工之際에 有此切心이면 剋日之工을

관 취 백 발 백 중
管取百發百中[46]이라

怖畏포외 : 두렵고 무서움
蒙몽 : 무릅쓰다
被피 : 입다, 당하다
蒙被몽피 : 무릅씀
奔迅분신: 빠르게 달아남
崎嶇기구 : 산길이 험함
草芥초개 : 하찮은 사물을 이름

곧 앞을 향해 달려가면 화살과 돌과 칼과 창도 또한 두렵거나 무섭지 않도다.

67 위험을 무릅쓰고 빨리 달려감에, 가파른 산과 험한 길을 평지 밟듯 하고 가시나무와 남가새를 초개같이 보니, 이것은 무엇 때문인가?

차라리 다른 곳에서 죽을지언정 감옥에서는 죽지 않겠다는 것이라.

67 The person runs fast along the rugged road of a steep mountain, as if one ran along flat land. The person sees the forest of thorn bush and caltrop, as if they were bits of straw. Why does this happen? "I would rather die elsewhere than die here, prison."

68 이것이 곧 지극히 절실한 마음이니, 공부를 할 때 이러한 절실한 마음을 가진다면, 기일을 정한 공부가 틀림없이 백발백중하리라.

68 This is indeed extremely urgent mind. In the course of spiritual discipline, if aspirants retain this urgent minds, then, within a fixed time limit, they shall achieve the goal without fail.

»rugged 바위투성이의
»steep 가파른
»thorn 가시
»bush 덤불
»caltrop 가시 돋친 식물
»straw 짚
»extremely 극도로
»urgent 긴급한
»discipline 규율
»aspirant 열망자
»retain 간직하다
»without fail 반드시

69 然이나 此剋日之功은 切非初行之法이요 宜取末境之術也라
(연 차극일지공 절비초행지법 의취말경지술야)

8. 영보국의 조화세계

70 初行之工은 危心安之하면 定靜을 可得이오 微心暢之하면 火鈴發揮하니 惟精惟一하야서 允執厥中하리니
(초행지공 위심안지 정정 가득 미심창지 화령발휘 유정유일 윤집궐중)

切절 : 끊다, 절박하다 術술 : 재주, 방법 暢창 : 화창하다, 펴다 揮휘 : 휘두르다 允윤 : 진실로
宜의 : 마땅히 危위 : 위태하다 鈴령 : 방울 惟유 : 생각하다, 오직 厥궐 : 그, 그것

69 그러나 이렇게 기일을 정하는 공부는 결코 처음에 행할 방법이 아니요, 마땅히 마지막 방법으로 취해야 하느니라.

69 But, this practice of fixed time limit should not be taken at the initial stage, but necessarily be taken at the final stage.

8. 영보국의 조화세계

8. The Spiritual Treasure Corpus' world of creation-transformation

70 처음에 행하는 공부는 위태한 마음을 편안히 하면 정정定靜을 얻을 수 있고, 은미한 마음을 펼쳐 나가면 불방울[火鈴]이 드러날 것이니, 오직 정밀하게 하고 한결같이 하여 진실로 중中을 잡아야 하리니

70 For the initial stage of the spiritual discipline, aspirants, upon calming down the fluctuant mind, can attain total concentration and ultimate serenity, Jeongjeong. The fire bead shall emerge to the outside as aspirants expand the sutble mind. They should truly take the middle path by thinking deep and consistent.

»limit 제한 »discipline 규율 »fluctuant 동요하는 »consistent 일관된
»initial 처음의 »illumine 밝히다 »concentrate 집중하다 »mean 중용
»initial 처음의 »consciousness 의식 »thorough 철두철미한 »golden 귀중한

71 中必庸(중필용)하면 中庸(중용)[47]이요 學大(학대)하면 大學(대학)이요
論道語理(논도어리)면 論語(논어)이니라

72 元亨利貞(원형이정)과 仁義禮智(인의예지)가 隨性感現(수성감현)으로
或聖或賢(혹성혹현)은 卽風土稟受之自異(즉풍토품수지자이)로 氣質(기질)이 不齊者也(부제자야)라

73 然(연)이나 此靈寶眞訣(차영보진결)은 善化人者也(선화인자야)라

庸용 : 쓰다, 범상하다, 어리석다 隨수 : 따르다 或혹 : 혹시 稟품 : 여쭈다, 주다 受수 : 받다 異이 : 다르다 齊제 : 가지런하다 訣결 : 헤어지다, 비결 善선 : 착하다, 좋다

71 중이 반드시 떳떳하면 중용中庸이요, 배움이 크면 대학大學이요, 도道를 논하고 이치[理]를 말하면 논어論語이니라.

71 If a mean is golden by all means, it is the Golden Mean. If one learns great, it is the Great Learning. If dao and dharma are discussed and enunciated, it is the Analects.

72 원형이정과 인의예지가 성품을 좇아서 응감되어 나타나 혹 성인도 되고 혹 현인도 되는 것은, 곧 풍토風土와 품부稟賦한 것이 달라 기질氣質이 가지런하지 않기 때문이라.

72 The Origination, proliferation, benefit, firmness, and the humaneness, justice, propriety, wisdom are actualized in compliance with the true nature. Thus, some become saints, some become sages, because, depending on different climates and lands, dispositions are not even.

73 그러나 이 영보의 참 비결은 사람을 잘 교화시키는 것이라.

73 However, this Spiritual Treasure True Secret is that which

»by all means 아무렴
»enunciate 명확히 진술하다
»analects 어록, 선집
»origination 시작
»proliferation 확산
»benefit 이익
»firmness 확고함
»humaneness 인정이 있음
»actualize 실현하다
»compliance(with) (법 등에) 따름
»disposition 기질

다 송 정 정 지 편　　존 념 음 부 지 의　　연 진 연 기
多誦定靜之篇하고 **存念陰符之義**하야 **嚥津煉氣**하고

휘 아 수 화　　풍 토 가 이　　기 질 즉 제
揮我水火하면 **風土可移**요 **氣質卽齊**라

조 진 예 성　　참 삼 재 출 만 화
74 **朝眞禮聖**하면 **參三才出萬化**[48]하나니

순 여 아 상 사　　아 여 천 무 이
舜與我相似하며 **我與天無異**라

학 학 개 연　　수 수 상 동　　별 무 지 속　　차 무 선 후 고
75 **學學皆然**하고 **修修相同**하야 **別無遲速**하고 **且無先後故**로

嚥연 : 삼키다
津진 : 진액, 침
移이 : 옮기다
朝조 : 알현하다
與여 : 더불다, ~와
相似상사 : 서로 비슷함
皆개 : 다, 함께
遲지 : 더디다
遲速지속 : 늦고 빠름

정정定靜편을 많이 읽고 음부陰符의 뜻을 늘 마음속에 간직하여, 입 속에 고인 진액(침)을 삼키고 기氣를 단련하고 내 몸 속의 수화水火를 잘 돌리면

풍토가 바뀌고 기질이 가지런해지느니라.

74 진인眞人을 알현하고 성인聖人에게 예를 다하면, 천지인天地人 삼재三才에 참여하여 만 가지 변화가 나오니, 순임금과 내가 같아지고 나와 하늘이 다르지 않게 되느니라.

75 배우고 배우면 다 그렇게 되고, 닦고 닦으면 서로 같아져, 특

edifies humans, so read this part of Jeongjeong many times and bear in mind always the meaning of the secret language of symbols, Yinfu. If you swallow the saliva, cultivate the qi-energy, and circulate the water and the fire reversed in your body, then even the climate and land would metamorphose, and dispositions shall be equalized.

74 Upon having an audience with the man of trueness, upon paying respect to saints, aspirant participates in the three treasures of heaven, earth and human, and a myriad of changes emerge. I become similar to Emperor Shun, I become no different from Heaven.

75 Similar are the ways of disciplines, similar are the patterns of practices. Since there are, in par-

»edify 교화하다
»saliva 침
»cultivate 수양하다
»reversed 뒤집어진
»metamorphose 탈바꿈하다
»disposition 기질
»equalize 균등하게 하다
»audience 알현
»aspirant 열망자
»discipline 규율
»in particular 특히
»belated 뒤늦은

정정지대한 구순 소한 오순야
定靜之大限은 **九旬**이요 **小限**은 **五旬也**라

대도지공 한하근기 왈 십년정한
76 **大道之工**을 **限何近期**오 **曰 十年定限**하고

무불관통 한기속야
無不貫通이면 **限期速耶**아

천년맹귀 탈신만리지수성 삼일곡침
77 **千年盲龜**도 **脫身萬里之樹城**하고 **三日曲針**도

투천반편지섬개 황차극일지한기
投穿半片之纖芥커든 **況此剋日之限期**가

限한 : 한하다, 한정　城성 : 재, 쌓다　穿천 : 뚫다　芥개: 티끌　況황 : 하물며
貫관 : 꿰다, 뚫다　投투 : 던지다　纖섬: 가늘다, 잘다　纖芥섬개: 검부러기　剋극 : 이기다, 해내다

별히 늦고 빠름이 없고, 선후先後도 없는 까닭에, 정정定靜을 이루는 큰 기한은 90일이요, 작은 기한은 50일이라.

ticular, neither belatedness versus earliness nor the former versus the latter. On the attainment of total concentration and ultimate serenity, Jeongjeong, the longer time limit is 90 days and the shorter time limit is 50 days.

76 대도를 이루는 공부를 어찌 가까운 기간期間에 한정하겠는가.

이르기를 "10년의 기한을 정하고 관통하지 못함이 없다면 한정한 기한이 빠른 것인가?"

76 On the spiritual discipline to attain the Supreme Way, how could it be achieved in a short period of time? It is said, "All achieve the goal within the time limit of 10 years, then, how could the time limit be deemed to be short?"

77 "천 년이면 눈먼 거북도 (물을 찾아) 만 리나 되는 나무숲을 벗어나고, 사흘이면 굽은 바늘도 던져서 반 조각 검부러기를 꿰뚫거늘

77 Even the thousand-year-old blind tortoise misses the gigantic woods' castle, and even the three-day throwing of curved needle can penetrates a half bit of straw. The duration of this fixed time-limit practice is three days at the minimum,

»versus ~대(對)　»concentration 집중　»deem ~로 여기다　»penetrate 관통하다
»former 전자의　»serenity 고요함　»tortoise 거북　»duration 기간
»latter 후자의　»discipline 규율　»gigantic 거대한　»fixed 정해진

대한 삼일 중한 오일 하한 칠일야
大限은 三日이요 中限은 五日이요 下限은 七日也리오

지도지하 극일하만 왈 반시지내 정각원성
78 至道之下에 剋日何晚고 曰 半時之內에 正覺圓性하면
한기원야
限期遠耶아

계호
79 戒乎로다
아원학천인 막망의어이도 일취아영보국중
我願學天人[49]이면 莫忘意於異道하고 一就我靈寶局中하야

晩만 : 늦다
覺각 : 깨닫다
圓원 : 둥글다, 원만하다
遠원 : 멀다
戒계 : 경계하다
願원 : 바라다
莫막 : ~하지 말라
異이 : 다르다
就취 : 나아가다

하물며 정하는 날을 짧게는 사흘이요, 보통은 닷새요, 길게는 이레에 한정하겠는가."

five days in the middle, seven days at the maximum.

78 "지극한 도道 아래에서 정한 날이 어찌 이리 먼가." 하니

말하기를 "한 시간[半時辰] 안에 원만한 성품[圓性]을 정각正覺한다면 그 기한이 먼 것인가?"

78 Asked thus, "Under the ultimate Way, why is the duration of fixed time limit so long? It is said "Within half an hour, the total enlightenment of true nature is possible, then how would you deem the time limit to be long?"

79 경계하노라.

우리가 천인天人을 배우기를 원한다면

망령되이 다른 도道에 뜻을 두지 말고, 한결같이 우리의 영보국 속으로 나아가 스스로 닦고 스스로 밝히면

79 I warn those who want to learn heaven from me. Do not put your mind to another Way, but enter into your own Spiritual Treasure, cultivate and illuminate it on your own. Then, you shall realize the Immortality and the Buddhahood, and become a saint and a Master.

»duration 기간
»fixed 정해진
»limit 한계
»deem ~로 여기다
»warn 경고하다
»illuminate 밝히다
»on one's own 혼자 힘으로
»immortality 불멸
»buddhahood 불교 깨달음의 경지
»dare 감히 ~하다
»reveal (비밀을)드러내다

자수자명 가선가불 위성위진호
自修自明하면 **可仙可佛**이요 **爲聖爲眞乎**인저

도문소자옥포 감발천사지비 기술정정일부
80 **道門小子玉圃**는 **敢發天師之祕**하야 **記述定靜一部**하노니

초학자 다송차편 기화신화
初學者가 **多誦此篇**하야 **氣和神化**하면

정정 가득 수지명지 내득기성 가호
定靜을 **可得**이니 **修之明之**하야 **乃得其性**이 **可乎**인저

爲위 : 하다, 되다
圃포 : 채마밭
敢發감발 : 감히 드러내다
祕비 : 숨기다, 신비하다
述술 : 펴다, 서술하다
誦송 : 외우다, 읊다
篇편 : 책
靜정 : 고요하다

신선[仙]도 되고 부처[佛]도 되며, 성인도 되고 진인도 될 것이라!

80 도문道門의 소자小子 옥포玉圃는
감히 천사天師의 비밀을 드러내어 정정定靜 한 부部를 기술하노니
초학자가 이 책을 많이 읽어 기氣가 화和하고 신神이 화化하면 정정定靜을 얻을 것이니
닦고 밝혀서 본성을 체득하는 것이 옳으리라!

80 I, Okpo, little one in the Dao order, have dared to reveal the secret of heavenly teacher and write down some of the essence of Jeongjeong. If beginners read this writing many times, then, as their qi-energy and spirit become activated and enlightened, they shall attain total concentration and ultimate serenity, Jeongjeong. Through discipline and illumination, may all beings return to their own true nature.

»essence 정수
»activate 활성화시키다
»enlightened 깨우친
»concentration 집중
»serenity 고요함
»illumination 밝히기

주석

1) 至誠(지성): 털끝만큼도 잡념이 없는 지극히 순일한 마음. “정성을 가지고 정성을 들이면 사람의 정성이 곧 하늘의 정성과 하나 되는 것이니 만사(萬事)가 마땅히 먼저 지성(至誠)을 논(論)한 다음에야 그 본법(本法)을 말할 수 있다.”{정사초(鄭思肖), 『태극제련내법의략(太極祭鍊內法議略)』}

2) 『맹자(孟子)』「공손추(公孫丑)」 상(上)에 있는 내용.

The excerpts from the book of The Mencius(Gongsunchou, part I).

3) 위진남북조(魏晋南北朝) 때 천태종의 개조(開祖)인 천태지의(天台智顗, 538~597)가 처음 쓴 말. 원대(元代) 고봉원묘(高峰原妙)의 어록인 『선요(禪要)』에는 큰 믿음과 의정(疑情)을 일으켜서 의심이 간단없이 지속되는 과정을 ‘一念萬年萬年一念(일념만년 만년일념)’이라 표현하였다.

4) 『상청영보제도대성금서(上淸靈寶濟度大成金書)』「시식경편(施食瓊篇)」에서는 “태일지천(太一之天)이란 태일(太一)의 뜻과 같다. 일(一)은 묘(妙)를 얻는 것이며 정(靜)이 아니면 깨달을 수 없다.”라고 하였다.

5) 冷冷(냉랭): 몸이 차가울 정도로 시원해지고 의식이 엄숙하여 적정(寂靜)의 경지에 이른 상태.

6) 인체 내광(內光)의 일종으로 원신(元神)이 나타내는 빛(光)의 형상을 말한다.

This, a kind of inner light, signifies the shape of light that comes from primordial spirit.

7) 남송(南宋)의 저백수(褚伯秀)가 지은 『남화진경의해찬미(南華眞經義海纂微)』 69권 여주(呂註)에 ‘태우발광(泰宇發光)’이라는 말이 있다. 문자적으로 우주 공간에서 빛이 발한다는 뜻이다. 수행을 통한 영적 현상으로서 순수 의식 경계에서 체험할 수 있다.

8) 원제는 『통현영보정관경(洞玄靈寶定觀經)』이고, 도장(道藏)에 속한다. 짤막하지만 수도자의 마음가짐에 대한 요체와, 초학과 득도의 과정에서 나타나는 여러 징후를 밝혔다.

Original title is “*Dongxuan lingbao dingguanjing*”(*Scripture on Concentration and Observation of the Spiritual Treasure*). This book belongs to Daozang(Daoist Canon). Notwithstanding the short contents, it elucidated the fundamental mindset of aspirants, as well as the various symptoms that happen during the process of spiritual practice from the stage of beginners up to the higher stage of enlightenment.

9) 束心(속심): 한쪽으로 치우친 마음을 고요하게 다스리는 것을 말한다.

10) ‘태일구고천존’이라고도 한다.

11) 話頭(화두): 참선 수행을 위한 실마리를 이르는 말. 공안(公案) 또는 고칙(古則)이라 함.

12) 心頭(심두): 생각하고 있는 마음 또는 순간적인 생각이나 마음.

13) 道心(도심)과 人心(인심): 유가(儒家)의 인성론(人性論)에 따르면, 도심은 도덕(道德)적 본성에 따른 마음의 작용이고, 인심은 감각(感覺)적 욕구에 따른 마음의 작용이다.(「중용장구서」)

Dao's mind & Human's mind : According to the theory of human nature in Confucianism, human's mind is the function of mind governed by the sensual desire, and dao's mind is the function of mind governed by ethical nature. (The Doctrine of the Mean)

14) 도교(道教) 경전으로, 『황제음부경(黃帝陰符經)』이라고도 한다. 도가 사상을 위주로 하면서도 종횡가(縱橫家)와 병가(兵家)의 사상도 포함하고 있다.

This, a Daoist scripture, is called alternatively, "*Huangdi Yinfujing*"(*The Yellow Emperor's Scripture on "Unconscious Unification"*. Based on the Daoist philosophy, it includes thoughts from the School of Diplomacy and the School of the Military Strategists.

15) 五賊(오적): 오행(五行: 목, 화, 토, 금, 수)을 말함.

Five enemies indicates Five agents : Wood, Fire, Earth, Metal, Water

16) 정사초(鄭思肖)는 『태극제련내법의략(太極祭鍊內法議略)』에서 '입으로는 낭송하지만 마음이 없는 수행(朗誦行持口而不在心)'이라 표현하였다.

17) 『中庸(중용)』「天命章(천명장)」.

18) 煉度(연도): 정사초의 『태극제련내법(太極祭鍊內法)』에 따르면, 연(煉)이란 자신이 내련(內煉)한 진양지기(眞陽之氣)로 죽은 사람의 영혼을 단련하는 것이고, 도(度)란 진양지기로 유혼(幽魂)을 제도하여 망혼(亡魂)으로 하여금 도태(道胎)를 결성(結成)하게 하는 것이다.

19) 眞一之水(진일지수): 진일지정(眞一之精) 또는 진일지기(眞一之氣)라고도 하는데, 살아있는 생명체의 원기(元氣)를 일컫는다.

20) 여동빈은 "감리(坎離)는 곧 음양이요, 음양은 성명(性命)이다. 성명은 신심(身心)이요, 신심은 즉 신기(神氣)이다. 한 번 스스로 수렴되어 거두어지면 정신은 외부 사물에 끌려 다니지 않게 된다. 이것이 진정한 교합(交合)이다."라고 하였다.(『태을금화종지』「감리교구」)

21) 水火旣濟(수화기제): 주역 64괘 가운데 63째 괘. 아래에 이괘(離卦)가 있고, 위에 감괘(坎卦)가 있는 형이다. 기제란, 일이 이미 성취되었다는 의미이다.

22) 泥丸(니환): 사람의 머리에는 모두 아홉 개의 궁(九宮)이 있는데, 그 중앙에 자리 잡고 있는 니환궁(泥丸宮)은 혼백(魂魄)이 머무는 혈(穴)이다.

23) 중단전(中丹田) 자리를 말한다.

24) 우리 몸에 깃들어 있는 온갖 신(神)이 니환궁(泥丸宮)에 올라가 모이는 것을 말함.

25) 內煉(내련): 선도(仙道) 수련법에서 기운을 축적하고 돌리는 과정으로, 입으로 소리를 내지 않고 하는 수련을 뜻함.

26) 남송말(南宋末)~원대(元代)의 선승 고봉원묘(高峰原妙 1238~1295)의 어록으로, 선법(仙法)의 요의(要義)를 간추려 엮은 책. 고봉의 시자(侍者) 지정(持正)이 기록하고, 거사(居士) 홍교조(洪喬祖)가 엮었다.

27) 君師(군사): 진리를 바탕으로 통치하는 이상적 군주.

28) 三淸(삼청): 도교에서 말하는 상청(上淸), 옥청(玉淸), 태청(太淸)의 세 궁(宮).

29) 天尊帝君(천존제군): 사람의 머리에 거하는 천존과 제군.

Supreme Lord and Imperial Sovereign that reside in the head of humans.

30) 구령(九靈)은 하늘의 구요(九曜)에 응하여 사람의 몸에 깃들어 있는 본신(本神)을 말하고, 삼정(三精)은 하늘의 삼태성(三台星)에 응하여 사람 몸에 깃들어 있는 정혼(精魂)을 말한다.

31) 우리 몸의 다섯 가지 감각기관인 눈, 귀, 코,

혀, 피부에 거하는 신(神). 오관지신(五官之神)이라고도 한다.

The spirit that resides in the five sensory organs of our body, namely, eye, ear, nose, tongue, skin. It is alternatively called the spirit of five organs.

32) 諸府工曹(제부공조): 우리 몸의 각 기관에 거하는 신(神).

Various Bureaus & Ministry of Works: the spirit that resides at each organs of our body

33) 『옥추보경(玉樞寶經)』을 말함. 도교의 태상십삼경(太上十三經)의 하나.

It indicates "*Yushu Baojing*", which is one of the Daoist "*Taishang Shisan Jing*"(*The Thirteen Supreme Scriptures*).

34) 임제종(臨濟宗) 양기파(楊岐派)의 고봉원묘(高峰原妙, 1238~1295). 1279년에 남송(南宋)이 멸망하자 천목산 서봉(西峰) 사자암으로 거처를 옮기고 후학을 지도했다.

Zen master Gaofengyuanmiao(1238~1295) of Linji school.

35) 고봉원묘는 『선요(禪要)』에서 '백만 무리가 주위를 둘러싸고 있어도 승당(承當: 받아들여 감당함)한 사람은 가섭 한 사람뿐(雖有百萬衆圍繞, 承當者惟迦葉一人而已.)'이라 하였다.

36) 楊墨(양묵): 양주(楊朱, BCE 440?~BCE 360?)와 묵자(墨子, BCE 480~BCE 390).

37) 野人(야인): 아무 곳에도 소속하지 않고 지내는 사람.

38) 五賊(오적)과 三盜(삼도): 여러 도적을 이르는 말.

39) 支離(지리): 지리멸렬(支離滅裂: 이리저리 흩어지고 찢기어 갈피를 잡을 수 없음).

40) 여기서는 『선요(禪要)』를 말함.

41) 정(情)은 느끼어 일어나는 마음이고, 식(識)은 마음의 작용을 가리킴.

42) 心華(심화): 본심(本心)이 청정한 것을 꽃에 비유한 말.

43) 六根(육근): 육식(六識)을 낳는 여섯 가지 뿌리(眼·耳·鼻·舌·身·意).

44) 相火(상화): 재상지화(宰相之火)의 뜻이다. 군(君火)가 인체를 다스리는 것을 보조하고, 기화(氣化)의 연소와 속도를 조절한다. 이를 총괄하는 것은 명문상화(命門相火)로, 신간(腎間)에 위치하며 생명의 뿌리(生命之根) 구실을 한다.

虛火(허화): 인체에서 심장(心臟)은 오장육부의 군주와 같은 구실을 하므로 군화(君火)라 하는데, 기화(氣化)하는 욕구와 능력이 정상보다 과항(過亢)한 상태를 이른 말이다.

45) 荊棘(형극): 나무의 온갖 가시. '고난'을 비유적으로 이르는 말.

蒺藜(질려): 남가새. 남가샛과의 한해살이풀로, 억센 가지가 있다.

46) 管取(관취): '보증하다, 청부맡다'라는 뜻에서 전(轉)하여 '틀림없이, 확실히'라는 뜻으로 쓰임.

47) 中庸(중용): 치우침이나 과부족(過不足)이 없이 떳떳하며 알맞음.

48) 三才(삼재): 범준(范浚)의 「심잠(心箴)」에 있는 '參爲三才 曰惟心爾(참위삼재 왈유심이)'에서 온 말로, '하늘과 땅과 똑같은 위치에 사람이 참여하니 그것은 오직 마음이 있기 때문'이라는 뜻이다.

49) 天人(천인): 수행을 통해 높은 경지에 이른 사람을 말한다.

부록

『영보국정정지법靈寶局定靜之法』 원문

Appendix

The Original Text of "The Spiritual Treasure Corpus: The Way to the Ultimate Serenity"

※ 고서 제철 방식에 따라 뒤에서 시작합니다.

79 戒乎로다 我願學天人이면 莫忘意於異道하고 一就我靈寶局中하야 自修自明하면 可仙可佛이요 爲聖爲眞乎인저

80 道門小子玉圃는 敢發天師之祕하야 記述定靜一部하노니 初學者가 多誦此篇하야 氣和神化하면 定靜을 可得이니 修之明之하야 乃得其性이 可乎인저

卽風土稟受之自異로 氣質이 不齊者也라

73 然이나 此靈寶眞訣은 善化人者也라 多誦定靜之篇하고 存念陰符之義하야 嚥津煉氣하고 揮我水火하면 風土可移요 氣質卽齊라

74 朝眞禮聖하면 參三才出萬化하나니 舜與我相似하며 我與天無異라

75 學學皆然하고 修修相同하야 別無遲速하고 且無先後故로 定靜之大限은 九旬이요 小限은 五旬也라

76 大道之工을 限何近期오 曰 十年定限하고 無不貫通이면 限期速耶아

77 千年盲龜도 脫身萬里之樹城하고 三日曲針도 投穿半片之纖芥커든 況此剋日之限期가 大限은 三日이요 中限은 五日이요 下限은 七日也리오

78 至道之下에 剋日何晚고 曰 半時之內에 正覺圓性하면 限期遠耶아

66 乃扣枷打鎖(내구가타쇄)하고 越獄脫身(월옥탈신)하야 不分東西(불분동서)하고 卽逃出境之際(즉도출경지제)에

毒龍猛獸(독룡맹수)도 一無懼心(일무구심)이오 卽向當前(즉향당전)하면 矢石劍戟(시석검극)도 亦無怖畏(역무포외)라

67 蒙被奔迅(몽피분신)에 崎嶇險路(기구험로)를 如踏平地(여답평지)하고 荊棘蒺藜(형극질려)를 視若草芥(시약초개)하니

此何故耶(차하고야)아 寧死他死(영사타사)언정 不死此死(불사차사)라

68 是乃極切之心(시내극절지심)이니 用工之際(용공지제)에 有此切心(유차절심)이면 剋日之工(극일지공)을

管取百發百中(관취백발백중)이라

69 然(연)이나 此剋日之功(차극일지공)은 切非初行之法(절비초행지법)이요 宜取末境之術也(의취말경지술야)라

八 영보국의 조화세계

70 初行之工(초행지공)은 危心安之(위심안지)하면 定靜(정정)을 可得(가득)이오 微心暢之(미심창지)하면 火鈴發揮(화령발휘)하니

惟精惟一(유정유일)하야서 允執厥中(윤집궐중)하리니

71 中必庸(중필용)하면 中庸(중용)이요 學大(학대)하면 大學(대학)이요 論道語理(논도어리)면 論語(논어)이니라

72 元亨利貞(원형이정)과 仁義禮智(인의예지)가 隨性感現(수성감현)으로 或聖或賢(혹성혹현)은

62 驀然(맥연)에 脚蹉手跌(각차수질)하고 心華頓發(심화돈발)에 洞照十方(통조시방)하야 如杲日麗天(여고일여천)하고 明鏡當臺(명경당대)라 不越一念(불월일념)하고 頓成正覺(돈성정각)하면 禪家之佛(선가지불)이요 靈寶之聖(영보지성)이요 仙家之丹(선가지단)이라

七 날을 정하고 기필코 성공하여야 할지니

63 然(연)이나 若信忿疑之誠(약신분의지성)이 未極(미극)하면 八萬四千魔兵(팔만사천마병)이 覘在六根門頭(점재육근문두)라가 隨機誘心(수기유심)하고 百方作化(백방작화)하야 四面華頭(사면화두)에 勞碌心神(노록심신)하나니

64 卽念聖號(즉념성호)하고 要取無心(요취무심)하야 更加精力(갱가정력)하고 剋日就工而使吾一身(극일취공이사오일신)으로 如墜千尺井底相似(여추천척정저상사)하야 從朝至暮(종조지모)하고 從暮至朝(종모지조)하야 千思想萬思量(천사상만사량)이 單單只是求出之心(단단지시구출지심)이요 究竟決無二念(구경결무이념)하나니 誠能如是施工(성능여시시공)이면 剋日(극일)을 可期矣(가기의)라 此段(차단)은 卽有相火虛火强健之人所取者也(즉유상화허화강건지인소취자야)요

65 又曰(우왈) 柔溫氣弱之人(유온기약지인)은 以自身(이자신)으로 得當死之罪(득당사지죄)하야 深囚獄中(심수옥중)하야 剋日斬殺次(극일참살차)로 四面守直(사면수직)이러니 忽遇獄卒醉倒(홀우옥졸취도)하고 時夜寂廖(시야적료)라

58 故로 譬之曰 石中藏玉은 非鐵釘이면 難琢이요 非礪石이면 不磨라하고
(고 비지왈 석중장옥 비철정 난탁 비여석 불마)

又曰 不入虎穴이면 焉得虎子리오하니 鐵釘은 信也요 礪石은 疑也요
(우왈 불입호혈 언득호자 철정 신야 여석 의야)

入虎穴은 忿也니
(입호혈 분야)

59 欲琢磨得虎子者는 發大忿하야 勇用金剛利刀로 先割世緣一縷하고
(욕탁마득호자자 발대분 용용금강이도 선할세연일루)

因大疑하야 卽殺心猿意馬之奔馳하고 懷大信하야 能入此門然後에
(인대의 즉살심원의마지분치 회대신 능입차문연후)

鐵柱中心이요 石壁外面이라
(철주중심 석벽외면)

60 千萬師說도 更不妙於此說하고 妙道玄理도 且無加於此道라
(천만사설 갱불묘어차설 묘도현리 차무가어차도)

目無所好見하고 耳無所喜聞하고 妙無此妙하며 寶無此寶則 一心이
(목무소호견 이무소희문 묘무차묘 보무차보즉 일심)

定靜하야 蕩蕩然豁豁然焉하야 無絲毫纖塵之礙滯면
(정정 탕탕연활활연언 무사호섬진지애체)

則若人初生無異라
(즉약인초생무이)

61 喫茶不知茶하며 喫飯不知飯하며 行不知行하며 坐不知坐하야
(끽다부지다 끽반부지반 행부지행 좌부지좌)

情識頓淨하고 計較都忘하니 恰似有氣底死人이오 且泥塑人相似하니라
(정식돈정 계교도망 흡사유기저사인 차이소인상사)

53 五賊併起(오적병기)하고 三盜不息(삼도불식)하니 天下大亂(천하대란)이라 法官刑命(법관형명)하고 親友誹謗(친우비방)하니 可謂寒心處也(가위한심처야)로다

54 不取所當取(불취소당취)하고 取其不當取(취기부당취)하여 曰(왈) 我行(아행)이 捷法矣(첩법의)라 易取易得(이취이득)이라 하야 或死或敗(혹사혹패)호대 受苦不悔(수고불회)하고 反見支離(반견지리)하니 愚耶懶耶(우야나야)아

55 夫子所謂(부자소위) 糞土之墻(분토지장)과 下愚不移者(하우불이자) 是其徒乎(시기도호)인저

六 무궁무진한 영보靈寶의 세계

56 禪書(선서)에 曰(왈) 能開衆門中一門(능개중중일문)하야 入取無盡藏寶(입취무진장보)하야 用之不渴(용지불갈)하고 取之無禁也者(취지무금야자)는 此寶非外來之物(차보비외래지물)이라 是室內生生無窮之物(시실내생생무궁지물)이니 能昇堂者(능승당자)는 誠也(성야)요 能開門者(능개문자)는 疑也(의야)요 能主物者(능주물자)는 信也(신야)요 義不取他人財寶(의불취타인재보)하고 卽取當取之物者(즉취당취지물자)는 忿也(분야)니

57 若無忿疑信三字(약무분의신삼자)면 則盤桓墻外(즉반환장외)하고 逗留檐端(두류첨단)하야 漫然歲月(만연세월)하고 空費氣力(공비기력)하다가 太息而退歸(태식이퇴귀)하야 乃爲行乞之人(내위행걸지인)하니

圍繞墻垣하야 使慾者貪者懶者愚者不信者로 各守諸門路하라 하고

49 又命曰 若貪慾懶愚不信者來到어든 爾等은 各守防禦하고

雖某人이라도 誠信專一者來到어든 開門納之하야 以爲空舍之主하야

用無窮之財寶케하라 云호대

50 世人이 聞此說하고 皆仰笑空棄不取曰 如許財寶를 我何敢取리오

此有福有緣者之所當取之라하고 敢不往求하나니

51 則釋迦傳說하고 老子指路하고 孔子勸送하되 亦不就敢하고

間或有往之者라도 或不信者는 防而不受하고 貪慾者는 拒而不納하니

其間에 能入取者는 千萬人中唯一二人也라

52 其餘貪慾楊墨之輩는 曠安宅而不居하고 捨正路而不由하야

卽盜野人之財産하며 或乞富人之餘財하며 或奪行人之路費하고

或穿壁或欺取하며 或饑寒或爭鬪하야

45 且陰符寶經은 全指此靈寶始終而發也라

46 故로 煉此靈寶者는 以陰符로 爲定靜之元經하야 外以誦念하고 內以定靜하니 靈寶始終이 盡載於陰符三篇이니라 故로 古法이 傳於靈寶也나 本無文字口訣하고 但授與陰符而已라 是故로 靈寶眞道를 知者鮮矣로다

47 今旣有文字하고 且記假令하니 豈不彰明耶아 更加先賢修煉指導之文字하야 以開來學之道心하노니 亦可爲修工之一助라 洗心盥讀焉하라

五 성현聖賢이 영보를 닦기를 권하나니

48 昔에 西峰道士가 謂其學徒曰 天下에 有一無主室舍하니 是乃靈寶道宮也라 其中에 儲天下無窮之妙하고 積天下無窮之寶하고 藏天下無窮之財하고 通開八萬四千門路하야

惟一理而已(유일리이이)어늘 法何多支(법하다지)며 惟一理而已(유일리이이)어늘 人何他求(인하타구)며

惟一理而已(유일리이이)어늘 我何復疑(아하부의)오하야

40 思則疑無(사즉의무)하고 望則疑有(망즉의유)하야 疑去疑來(의거의래)에 疑無所疑(의무소의)니 空然何疑(공연하의)리오하고

41 忽然煉心(홀연연심)하니 是乃眞疑(시내진의)로다 眞疑之下(진의지하)에 萬疑靜寂(만의정적)하야 不分晝夜(불분주야)하고

如夢若眞(여몽약진)하야 空寂天地(공적천지)에 唯一疑而已(유일의이이)라 此非大疑而何(차비대의이하)오

42 盖疑字之工(개의자지공)이 最難得知(최난득지)라 若非大信心(약비대신심)이면 眞疑不生(진의불생)이라

故(고)로 禪要(선요)에 曰(왈) 信有十分(신유십분)이면 疑有十分(의유십분)하고 疑得十分(의득십분)이면

悟得十分(오득십분)이라하니 指此謂也(지차위야)로다

43 信可信矣(신가신의)며 誠可誠矣(성가성의)니 以信定靜(이신정정)하고 以信憤疑(이신분의)하니 非大信(비대신)이면

誠何久長(성하구장)이리오

44 一定不變(일정불변)하야 始終如一(시종여일)이 是謂誠也(시위성야)라 故(고)로 玉經(옥경)에 云(운) 以誠而入(이성이입)하며

以默而守則(이묵이수즉) 物我俱忘(물아구망)하고 慧光乃生(혜광내생)하야 聖知自全(성지자전)이라하고

35 率性修道(솔성수도)하면 明德發揮(명덕발휘)하야 可以治國而平天下(가이치국이평천하)하며

可以爲億兆之君師(가이위억조지군사)하며 可以得無量之壽仙(가이득무량지수선)이라

36 何者(하자)오 天命之德(천명지덕)이 稟賦爲人之初(품부위인지초)에 頭化天上三淸眞宮之氣(두화천상삼청진궁지기)하고

腹受地下山林川澤之形(복수지하산림천택지형)하고

胸懷日月星辰風雲雨雷陰陽造化之府(흉회일월성신풍운우뢰음양조화지부)하니

37 所以(소이)로 吾身(오신)에 有天尊帝君(유천존제군)과 九靈三精(구령삼정)과 五神眞君(오신진군)과

內外將軍(내외장군)과 左右宮屬(좌우궁속)과 諸府工曹及八萬四千元君(제부공조급팔만사천원군)이

各依部分(각의부분)하니 是乃靈寶道局也(시내영보도국야)라

38 修而明之者(수이명지자)는 爲仙爲聖(위선위성)이오 失而放之者(실이방지자)는 爲愚爲蠢(위우위준)이라

欲修而明之者(욕수이명지자)는 非大願而何(비대원이하)오

39 且人人(차인인)이 各有此局(각유차국)호대 何人得之(하인득지)며 何人不得(하인부득)하고야 大忿出焉(대분출언)에

且萬理具於我(차만리구어아)하고 萬法(만법)이 備於此(비어차)하니 惟一而已(유일이이)어늘 道何衆門(도하중문)이며

得此者可克日而成功也라

四 영보靈寶를 닦는 삼요체三要體

30 禪要에 云 大要有三하니 一曰 大信根이요 二曰 大憤志요 三曰 大疑情이니

31 疑者는 以信爲體하고 悟者는 以疑爲用이라 信有十分이면 疑有十分이오 疑得十分이면 悟得十分이라하니 此說이 卽定靜之捷法也라

32 何者오 無大願이면 至誠不生하고 無大疑면 死憤不生하고 無大信이면 眞疑不生하나니

33 問 何以로 願此憤疑信之誠이 所出고

34 曰 一天之下에 至妙至寶至聖至尊之法이 唯一靈寶眞局也라 靈寶之局은 人人이 各有稟賦於身內而天素命之니 卽我之本性이라

一身萬靈이 出入此門호대 形貌光明하야 如望夕之月이라

25 三界天眞이 雲集泥丸하야 歡喜和悅이 如同氣之親也니
此乃默朝上帝法으로 實同一理也라

26 行此者는 當先注意於下丹田하야 淡然良久에 水火交媾하고
玉池水生하야 滿口嚥下하며 精靈이 乃昇上朝於泥丸頂門이라

27 若不運玉池嚥下則 但炎上하야 燼之焦之而已라
是故로 行鑄之士每日夜半淸晨에 常行內煉而必以雙眼으로
當我胸前하야 抵垂乎臍下하고 使脊後로 高於頂頭하야

28 心思火降水昇하고 意存坎離交媾則 自然水火循環하야
轉久純熟하야 精神이 皆朝於泥丸하고 火鈴이 發出於頂門이니
此乃傳道之祕요 修道之要요 覺道之眞訣也라

29 先行定靜之法은 蓋由此事而已니 非定靜이면 水火不昇降故로

我旣有此明德하니 豈不修煉而明之乎아
(아기유차명덕 기불수련이명지호)

20 此一段事는 自修明德也니 若不知水火玄妙之理와
(차일단사 자수명덕야 약부지수화현묘지리)

五行生化之道則 徒是粧點兒戲耳라
(오행생화지도즉 도시장점아희이)

三 자기조화自己造化의 연도법煉度法

21 大抵定靜煉度之法은 內煉自己造化之道니 苟力行之면
(대저정정연도지법 내련자기조화지도 구역행지)

心火下降하고 腎水上昇하야 眞一之水滿口甘潤香味者는
(심화하강 신수상승 진일지수만구감윤향미자)

腎中眞水上昇之外候也라
(신중진수상승지외후야)

22 坎離交姤하야 水火旣濟之後에 造化皆上朝於泥丸也니
(감리교구 수화기제지후 조화개상조어니환야)

運我一點靈光則 化爲火鈴於南昌上宮하야 上透於泥丸玄宮이니
(운아일점영광즉 화위화령어남창상궁 상투어니환현궁)

23 頂門이 微動에 因誠行之則 頂門이 豁然하야 初如萬蟻會集之像이라
(정문 미동 인성행지즉 정문 활연 초여만의회집지상)

甚痒癢之라도 愼勿刮摩라
(심양양지 신물괄마)

24 聚精會神于頂上則 忽然淸雷一聲에 頂門이 如巨石裂開라
(취정회신우정상즉 홀연청뢰일성 정문 여거석열개)

14 且幽冥境界도 只在我一念轉移之地니 愼勿投心于華頭所施하라

15 若或視之라도 視若不見하야 稍不掛於心意하고 必以一點眞心으로

反歸玄妙하야 精誠極一이면 鐵石俱開하고 骨肉分形하야

心爲天地萬靈之主하고 身爲陰陽造化之宅이라

16 故로 陰符經에 云 五賊在乎心하고 宇宙在乎手하고 萬化生乎身者가

此也라

17 近世修鍊之士가 往往以外具華飾으로 宣唸科呪하고 懷欲稱修호대

空度歲月하니 豈入於眞境哉아

18 蓋夫至道는 深窈나 不在其他하니 人能弘道면 道不遠人이라

19 子思曰 道也者는 不可須臾離也라하고 又曰 率性之謂道라하고

曾子曰 知止而後에 有定이니 定而後에 能靜하며 靜而後에 能安하며

安而後에 能慮하며 慮而後에 能得이니라하니 此皆自明其明德之事也라

二 정정定靜에 이르는 첫걸음

10 若初學이 靜坐에 必苦於自心不定하야 煩雜之念이 反生禁忌則 (약초학 정좌 필고어자심부정 번잡지념 반생금기즉)

惟在寬寬慢慢하야 任之自然이면 定靜을 可得이니 譬如濁水待淸에 (유재관관만만 임지자연 정정 가득 비여탁수대청)

急欲澄淸하야 頻考數察則 泥濁이 尤起也라 (급욕징청 빈고삭찰즉 이탁 우기야)

11 故로 定觀經에 云 以束心太急으로 先爲上戒者하나니 (고 정관경 운 이속심태급 선위상계자)

若或未定에 惡境이 出現則 回心泯泯하고 求意閑閑하야 (약혹미정 악경 출현즉 회심민민 구의한한)

多多密念 太乙救苦天尊六字聖號하면 自然定而靜矣리라 (다다밀념 태을구고천존육자성호 자연정이정의)

12 凡行事之際에 萬像森然이라도 不可怠忽焉이라 紛紜話頭가 (범행사지제 만상삼연 불가태홀언 분운화두)

悉從心頭所出이니 (실종심두소출)

13 一切奇異殊勝善惡應驗之事가 隨汝心設하며 隨汝心生하며 (일체기이수승선악응험지사 수여심설 수여심생)

隨汝心求하며 隨汝心現일새 欲使道心으로 挽牽人心이라가 (수여심구 수여심현 욕사도심 만견인심)

便墜於他圈中이면 正退邪進하나니 豈不愼哉리오 (변추어타권중 정퇴사진 기불신재)

5
上無色界(상무색계)하고 下無慾海(하무욕해)하야 一念萬年(일념만년)이면 耳目俱淸(이목구청)하고 心身俱忘(심신구망)하며
神氣俱爽(신기구상)하고 內外俱空(내외구공)하리니 泯於深定寂靜(민어심정적정)하야 湛然至一(잠연지일)하야
先全我太一之天(선전아태일지천)而後(이후)에 神氣冷冷然而淸(신기냉랭연이청)하고 神光炯炯然而明(신광형형연이명)하야
無地不燭(무지불촉)하며 無理不通(무리불통)이니라

6
然(연)이나 若有喧動則(약유훤동즉) 神氣懵懵然而昏(신기몽몽연이혼)하고 神光黯黯然而晦(신광암암연이회)하나니
何益於思想之所存哉(하익어사상지소존재)리오

7
唯綿綿密密(유면면밀밀)하야 念而無念則(염이무념즉) 一心(일심)이 不動(부동)하고 百脈歸源(백맥귀원)하야
自然火降水昇(자연화강수승)하고 氣定神淸(기정신청)하느니라

8
泰宇發光(태우발광)에 虛室生白(허실생백)하야 上透天界(상투천계)하고 下徹地府(하철지부)하며 空空洞洞(공공동동)하야
光明無邊(광명무변)하나니 勤而無間(근이무간)하면 鬼神境界(귀신경계)도 洞視徹開(통시철개)하니라

9
然(연)이나 行有五忌(행유오기)하니 第一曰(제일왈) 不信(불신)이요 次曰(차왈) 泄瀆(설독)이요 次曰(차왈) 執着(집착)이요
次曰(차왈) 歡喜(환희)요 次曰(차왈) 慾速(욕속)이니 皆爲大病(개위대병)이라 必落邪道(필락사도)하리니 敬之愼之(경지신지)하라

靈寶局定靜之法

一 정정定靜의 대의大義

1 夫定靜之法은 懷至廣至大之願하며 發至誠至信之心하야 念念不忘則 定靜을 可得이니

2 定者는 一定於此而諸他道理가 無加於吾之所做하며 許多法術이 不出於渠之惑世而已오

3 靜者는 歸於一定而不復動於他하야 富貴繁華도 不能誘心이오 金玉寶貝도 無可奪志하야

4 一志立定하야 吾心이 不動則 孟子之不動心과 老子之歸根靜이 皆是也라

靈寶局定靜之法